KB092617

고대 그리스 로마 연극

저자 베른트 자이덴슈티커(Bernd Seidensticker, 1939~)

독일 베를린 자유대학교에서 정년퇴임할 때까지 고전학과 교수로 재직(1987~2007)했다. 세네카의 비극에 대한 논문으로 박사학위를 취득했고, 고대 그리스 비극에 나타난 희극적 요소를 연구한 논문으로 대학교수 자격을 취득했다. 중점 연구 분야는 고대 그리스 로마 연극과 고전의 수용사이다. 저서로는 『독일 현대문학의 고대 그리스 문학 수용(Antikerezeption in der deutschsprachigen Literatur der Gegenwart)』(공저, 1994), 『고대 그리스의 사튀로스 극(Das griechische Satyrspiel)』(공저, 1999), 『신화가 사라진 시대의 신화(Mythen in nachmythischer Zeit)』(공저, 2002), 『비극적 대상을 보는 즐거움에 대해(Über das Vergnügen an tragischen Gegenständen)』(공저, 2005), 『폭력과 미학(Gewalt und Ästhetik)』(공저, 2006) 등이 있다.

역자 이재민

강원대학교 독어독문학과 조교수. 고대 그리스 연극의 코러스가 근대에 어떻게 수용되었는지 연구한 논문으로 박사학위를 취득했다. 저서로는 『코러스의 이론과 실제(Theorie und Praxis des Chors in der Moderne)』(2013), 『몸과 마음의 연기』(공저, 2015), 『연극 공간의 이론과 생산』(공저, 2017)이 있다.

고대 그리스 로마 연극

초판 1쇄 인쇄 2018년 12월 17일
초판 1쇄 발행 2018년 12월 21일
지은이 Bernd Seidensticker
옮긴이 이재민
펴낸이 지현구 **펴낸곳** 태학사 **등록** 제406-2006-00008호
주소 경기도 파주시 광인사길 223
전화 마케팅부 (031) 955-7580~2 편집부 (031) 955-7584~90 **전송** (031) 955-0910
홈페이지 www.thaehaksa.com **전자우편** thaehak4@chol.com

저작권자 (C) 이재민 2018, *Printed in Korea*.
이 책은 저작권법에 의해 보호를 받는 저작물이므로 저자와 출판사의 허락 없이 내용의 일부를 인용하거나 발췌하는 것을 금합니다.

값은 뒤표지에 있습니다.

ISBN 979-11-6395-000-4 93680

DAS ANTIKE THEATER

고대
그리스
로마
연극

베른트 자이덴슈티커 지음
이재민 옮김

태학사

DAS ANTIKE THEATER by Bernd Seidensticker
Copyright © Verlag C.H.Beck oHG, München 2010
All rights reserved.
This Korean edition was published by Thaehaksa in 2018
by arrangement with Verlag C.H.Beck oHG
through KCC(Korea Copyright Center Inc.), Seoul.

이 책은 (주)한국저작권센터(KCC)를 통한 저작권자와의 독점계약으로
태학사에서 출간되었습니다. 저작권법에 의해 한국 내에서 보호를 받는
저작물이므로 무단전재와 복제를 금합니다.

목차

일러두기

1. 이 책은 베른트 자이덴슈티커(Bernd Seidensticker)가 쓴 저서 『고대 그리스 로마 연극(Das antike Theater)』(2010)을 완역한 것이다.
2. 원문에는 각주가 없다. 본문에서 설명이 필요한 부분에는 역자가 각주를 달아 추가 설명을 했다. 간단한 용어 설명은 본문 내에 직접(역자 주: ...)라고 표시했다.
3. 희곡 작품은 〈...〉로 표시했고, 저서는 『...』로 표시했다.
4. 원어 병기를 할 때 고대 그리스어와 라틴어는 이탤릭체로 표기했다.

그림 1 에피다우로스(Epidauros)에 있는 그리스 극장

서론: 고대 그리스 로마 연극

서양 연극은 고대 그리스에서 탄생했다. 그리고 빠른 시간 내에 고대 세계 전체로 퍼져 나갔다. 오늘날에도 수많은 관광객들은 고대 그리스 시대의 극장을 보고 극장의 위치, 뛰어난 건축술, 탁월한 음향효과 등에 감탄한다. 그리고 기원전 5세기 아테네에서 공연되었던 작품들은 오늘날에도 전 세계에서 공연된다.

고대 연극에 대한 입문서는 오늘날 원형이 잘 보존된 극장 건축물을 보면서 이곳에서 과연 어떤 작품들이 어떻게 공연되었는지 알고 싶어 하는 사람에게만 필요한 것이 아니다. 소포클레스의 〈오이디푸스왕〉이나 에우리피데스의 〈메데아〉 같은 작품들을 오늘날 극장에서 연출하려고 하는 연출가나 드라마투르그는 고대 그리스의 작품들이 당시에 어떻게 상연되었는지 알고 싶어 하기 마련이다. 나아가서 고대의 희곡을 읽는 대부분의 독자와 해석자들 역시 각 장면을 상상해 보려고 노력하기 마련이고, 실제 공연이 어떤 조건하에서 이루어졌는지 알고 싶어 한다. 본 입문서는 고대 그리스의 연극 공연과 관련된 제반 사항들에 대한 답을 모두 해 줄 수는 없다. 왜냐하면 우리가 현재 가지고 있는 유적이나 자료들이 모든 의문을 해소해 주지는 못하기 때문이다.

그림 2 아크로폴리스에서 내려다 본 디오니소스 극장

　지금까지 수 백 개의 고대 그리스 로마 시대의 극장들이 발굴되었고 다양한 자료들이 발표되었지만, 고대 그리스 로마 연극의 전성기라고 할 수 있는 시대에 대한 자료는 여전히 충분하지가 않다. 예를 들어 플라우투스(Plautus)나 테렌티우스(Terentius) 같은 로마 희극작가들, 또는 엔니우스(Ennius)나 파쿠비우스(Pacuvius), 아키우스(Accius) 같은 로마 비극작가들이 공연을 했던 당시의 간이 무대에 대해서 고고학적으로 확실하게 입증된 것이 전혀 없다. 그리고 오늘날 우리가 알고 있는 고대 그리스의 비극들이 상연되었던 극장들은 워낙 개축이 많이 되는 바람에 초기의 형태 중에서 남아있는 것은 기껏해야 돌멩이 몇 개 밖에 되질 않는다.

　오늘날 관광객들이 볼 수 있는 아크로폴리스 남서쪽의 디오니소스 극장은 기원전 4세기 후반에 완공되었다. 이 극장은 헬레니즘 시대와 로마 시대를 거치면서 개보수가 많이 되었다. 기원전 5세기 극

장의 경우 전체 관객석의 크기, 무대와 오케스트라(역자 주: 코러스
가 춤추고 노래하는 곳)의 형태, 오케스트라보다 높은 단 위에 세워
진 무대의 존재여부 등에 대해서 아직도 논쟁이 되고 있다. 그 밖에
다른 고고학적 자료들 역시 대부분 고전기 이후에 만들어진 것이기
때문에 고대 그리스 연극사에서 가장 중요한 기원전 5세기의 고전기
연극을 다시 복구하는데 큰 도움이 되질 못한다. 이런 자료(항아리
에 그려진 그림들, 부조, 다양한 재료로 만들어진 가면들, 테라코타
조각상, 벽화와 모자이크화 등)들을 이용해 고대 그리스 연극의 원
형을 복구하는 경우 매우 조심해야 한다. 그리고 로마 연극에 대해
서는 고고학적인 유물이 거의 없다.

문서 형태로 전해져 오는 유물의 경우도 마찬가지다. 고대 그리스
로마 시대의 전문 서적 중에서 우리가 가지고 있는 것은 로마시대의
건축가 비트루브(Vitruv)(기원전 1세기 후반부)가 쓴 『건축론(De
Architectura)』이 있다. 이 책 5장은 고대 그리스 시대와 로마 시대의
극장 건축을 다루고 있다. 그리고 율리우스 폴룩스(Julius Pollux, 기
원후 2세기)가 쓴 『오노마스티콘(Onomastikón)』 4장은 백과사전의
형태로 고대 극장의 유적들을 정리해 놓고 추가로 설명을 곁들여
놓았다. 기원전 5세기에 고대 그리스의 문학과 연극에 대해 기술한
책으로 전해지는 것은 아가타르크스(Agatharchs, 기원전 5세기 중엽)
가 무대 미술에 대해 쓴 책과 소포클레스가 쓴 『코러스에 대해서』라
는 책이 있다. 이 두 자료는 모두 전해 지지 않는다. 아리스토텔레스
(기원전 384년~기원전 322년)와 그의 제자들이 수집했던 광범위한
자료들 역시 대부분 전해지지 않는다. 플라톤(기원전 429년~기원전
347년)의 『국가』, 『법률』, 아리스토텔레스의 『시학』, 『수사학』, 『정
치학』, 그리고 기타 아테네의 연설가들의 연설문을 통해 우리는 고

대의 연극에 대한 간접적인 정보들을 얻을 수 있을 뿐이다. 그리고 헬레니즘 시대의 주석가, 문법학자, 사전 편찬자, 그리고 백과사전 저자 등은 고대 연극에 관한 다양한 정보들을 남겨 놓았다. 이 자료들은 오늘날 아리스토텔레스학파의 연구와 알렉산드리아(Alexandria) 인문학[1]의 연구 성과를 정리한 것으로 생각된다. 로마 시대의 연극에 대해서는 호라티우스의『시학』이외에 무엇보다 리비우스(Livius)나 타키투스(Tacitus) 같은 역사가들이 중요한 정보를 많이 남겨 두었다. 그리고 초기 기독교 교부들이 연극을 비판했던 자료들 역시 중요한 정보들을 제공하는 원천이 되기도 한다.

그 밖에 중요한 자료로 고고학적 유물이면서 동시에 문헌학적인 가치도 가지고 있는 비문들이 있다. 고고학적인 발굴 작업을 통해서 지금까지 수많은 비문들을 찾았고, 이것들은 고대 연극의 다양한 면모를 보여준다. 무엇보다 비문은 연극 축제의 형태와 재정적 지원 문제에 대해서 중요한 정보들을 제공한다. 그리고 연극 축제에서 공연되었던 작품들과 작가들의 연대기, 영향사 작성에 필요한 일차 정보를 제공한다. 나아가서 연극 축제의 조직에 관련된 정보 역시 비문에서 찾을 수 있다. 예를 들어 우리는 기원전 3세기에 아리스토텔레스의 연구에 기초한 방대한 비문을 가지고 있다. 이 비문에는 아테네에서 열렸던 연극 경연대회에서 우승했던 작가들의 이름이 나열되어 있다. 이 비문을 통해 우리는 고대 그리스 연극의 시간적, 공간적 규모를 짐작할 수 있고, 또 당시 사회에서 연극이 차지했던

---

1 알렉산드리아는 이집트 북부에 위치한 항구도시로, 고대에 파피루스, 곡물, 금속, 수공예품 무역의 중심도시 역할을 했다. 그리고 오십 만권의 저서를 소장하고 있던 도서관과 무세이온이 유명했다. 알렉산드리아의 무세이온은 당대의 유명한 인문학자들과 자연과학자들이 모여 함께 연구했던 학당이다.

사회적 의미까지 알 수 있다.

마지막으로 우리가 가지고 있는 가장 중요한 자료는 희곡 작품들이다. 이들 작품들은 마스크와 의상, 소품, 무대장치 등에 대한 소중한 정보들을 전달해 준다. 그리고 희곡이 무대에서 어떻게 상연되었는지 알 수 있는 일차적인 정보들을 제공한다. 하지만 우리는 고대 그리스에서 상연되었던 작품들 중에서 아주 극소수의 작품들만 가지고 있기 때문에 이들 작품들을 통해 고대 그리스 연극을 전체적으로 일반화시켜 규정하기에는 무리가 있다. 그리고 희곡에는 언제나 작가 및 연출자의 지문이 없기 때문에 고대 그리스의 연극을 재현하려는 모든 시도는 잠재적으로 가설의 성격을 띠고 있다.

우리가 소유하고 있는 유물 자체가 양이 워낙 극소수이고 또 우연히 발견된 것들이기 때문에 연극에 관련된 많은 질문들이 여전히 논쟁중인 것은 놀라운 사실이 아니다. 새로운 유물들이 대량으로 발견되지 않는 이상 이런 논쟁은 앞으로도 계속 될 것이다. 필자는 이들 다양한 논쟁에 대해서는 자세히 언급하지 않을 것이다. 이 책의 분량 자체가 제한되어 있기 때문에 본질적이고 중요한 사실에 대해서만 언급하려고 노력할 것이다. 삽입된 그림들 역시 최소화 할 수밖에 없었다. 이들 그림들은 텍스트의 내용을 설명해 주는 역할을 한다.

고대 로마 연극보다 고대 그리스 연극에 대해서 더 많은 분량을 할애한 것은 그리스 연극이 현대 연극에서 여전히 중요한 역할을 하고 있기 때문이다. 로마의 희극이나 비극들은 현재 극장에서는 이미 사라졌다. 이것은 고대 그리스의 희극도 마찬가지라고 할 수 있다. 그러나 고대 그리스의 비극은 아직도 많이 공연되고 있고, 언제나 많은 관심을 받는다.

본 저서는 두 부분으로 이루어져 있고, 각 부분은 상이한 방식으로 서술되었다. 첫 번째 부분은 고대 그리스의 고전 연극을 집중적으로 다루었다. 두 번째 부분은 로마 연극을 다루었는데, 시간적으로 방대한 시기라는 점을 고려해서 역사적인 변화를 집중적으로 서술했다.

I. 고대 그리스 연극

1. 연극의 탄생과 발전

국가에 의해 조직된 연극제의 시작은 참주 페이시스트라토스
(Peisistratos)라는 이름과 밀접하게 연결되어 있다. 기원전 6세기 중
반 페이시스트라토스는 아티카(Attika) 지방(역자 주: 아테네를 포함
한 주변 지방)의 지배권을 강화하는데 성공했다. 그는 구 귀족들의
지배력을 약화시키면서 동시에 자신의 정치적 권력을 확고하게 하
기 위해 법체계를 개정했고, 거대한 건축 계획을 실행했다. 그리고
아티카 지방의 구획을 재정비했다. 참주 페이시스트라토스는 무엇
보다 새로운 문화 정책을 통해서 자신의 지배력을 강화하려고 노력
했다. 이 문화정책의 일환으로 오래 전부터 행해져 오던 축제들을
국가적인 차원에서 거대하게 거행했다. 이를 위해 그는 아티카 주와
보이오티아 주 사이의 경계 도시 엘레우테라이(Eleutherai)에서 디오
니소스 신의 목재 신상을 아테네로 가지고 왔다. 이어서 아크로폴리
스의 남서쪽 언덕 아래에 디오니소스 신을 위한 신성 구역을 만든
다음, 디오니소스 신을 위한 사원을 만들어 신상을 모셨다. 이러한

배경 하에 기원전 534년 (또는 몇 년 후) 테스피스가 디오니소스 신을 위한 축제에서 비극을 공연하는데, 이것으로 유럽에서 연극이 처음으로 탄생한 것이라고 할 수 있다.

물론 페이시스트라토스가 엘레우테라이의 디오니소스(Dionysos Eleuthereus)를 위한 축제에 연극 공연을 포함시키기 이전에도 다양한 형태의 초기 드라마적 퍼포먼스(Prädramatische Performances)가 존재했었다. 수많은 항아리에 새겨진 그림들을 살펴보면 우리는 그리스에서 이미 오래 전부터 제의에서 기원한 다양한 형태의 공연이 있었다는 사실을 확인할 수 있다. 이들 공연들은 디오니소스 신에게만 한정된 것들은 아니었고, 오히려 그리스 이외에 많은 문화에서 나타나는 풍요제의와 연결되어 있었다. 풍요제의는 음악과 춤, 연극적인 퍼포먼스가 완성되는 과정에서 매우 중요한 역할을 했다. 이 제의는 한 마을의 씨족들이 모여서 희생제물을 함께 바치고, 주술적이고 자연모방적인 춤과 노래를 부르면서 사악한 악령으로부터 자신을 보호해 주고, 사냥이나 농사에서 풍요로움을 거둘 수 있기를 기원하는 행사였다. 풍요제의에 참여한 사람들은 가면과 의상을 착용하고 함께 노래하고 춤을 췄다. 가면, 의상, 노래, 춤 등은 이후 연극에서 핵심적인 구성요소가 되었다. 그리스 지역에서 만들어진 항아리 그림들을 살펴보면 풍요제의가 연극에 미친 영향을 짐작해 볼 수 있다. 소위 '뚱뚱한 배를 가진 춤추는 사람(Dickbauchtänzer)' 형상은 우선 기원전 630년 코린트 지방에서 만들어진 항아리 그림에만 나타났다가, 얼마 지나지 않아서 그리스 모든 지역으로 널리 퍼졌다. 그리고 사튀로스와 실레노스 형상 역시 기원전 600년 전부터 대중화되기 시작했다. 이들은 일상적인 상황을 재현하거나 신화에 나오는 사건들을 재현하고 있다.

항아리 그림에서 가면을 쓰고 다양한 의상을 걸친 춤추는 사람의 형상이 연극의 초기 형태를 보여주고 있다는 사실은 이미 문헌을 통해 증명되었다. 예를 들어 아리스토텔레스는 『시학』 4장에서 비극과 희극이 디오니소스 신을 위한 제의에서 불렀던 노래인 디튀람보스(Dithyrambos) 또는 남근찬가(Phalloslied)에서 기원한다고 말하고 있다. 하지만 아리스토텔레스 역시 제의에서 행해지던 코러스의 춤이 어떻게 연극으로 발전했는지 자세한 정보는 알고 있지 못했다. 오늘날 고전학, 연극학, 종교학, 인류학 등 다방면의 연구에도 불구하고 초기 형태인 코러스의 춤이 어떻게 기원전 5세기에 연극의 형식을 갖추게 되었는지 정확한 발전 과정은 밝혀지지 않았다. 그러나 다양한 이론들은 하나의 점에서는 공통된 견해를 가지고 있다. 모든 이론들은 연극의 기원을 디오니소스 신을 위한 제의에서 찾고 있다. 연극의 기원을 디오니소스 신과 상관이 없는 관습이나 제의에서 찾는 경우에도, 이들 제의가 일찍이 연극의 신 디오니소스를 위한 제의와 통합되어졌을 것으로 생각한다.

디오니소스를 순수한 와인의 신으로 만든 것은 로마인들이었다. 여기에는 르네상스 시대의 위대한 화가들인 티치아노(Vecellio Tiziano)와 루벤스(Peter Paul Rubens) 등의 역할이 컸다. 디오니소스는 아마도 그리스인들에게도 와인을 관장하는 신이었을 것이다. 그러나 그리스인들에게는 디오니소스가 순수한 와인의 신보다 훨씬 더 큰 의미를 지니고 있었다. 디오니소스에 대한 다양한 명칭을 보면 와인이 디오니소스의 세계를 체험하기 위한 많은 액체 중에 하나였다는 것을 알 수 있다. 플루타르크(기원후 45년~기원후 120년)는 와인을 "축축한 자연(*hygrá physis,* feuchte Natur)", 그러니까 나무, 식물, 과일에서 추출할 수 있는 즙 중에 하나로 묘사한다. 이들 자연속의 즙들은 사람과 동물들의 몸속에서 힘차게 흐르는 피이기도 하고 호수와 늪의 생명력을 유지시켜 주는 풍요로운 물이기도 하다. 다시 말해서, 디오니소스는 데메테르와 마찬가지로 풍요의 신이었다. 풍요의 신은 매년 자연이 새로 깨어나는 봄에 새로이 태어난다. 그리고 매년 겨울이면 죽게 된다. 데메테르와 마찬가지로 디오니소스 역시 죽음의 신이었기 때문에 죽은 자들의 영혼을 관장했다. 그래서 디오니소스 신을 섬기는 비밀 종교 의식에 참여하는 사람들은 죽음 이후에 행복한 삶을 누릴 수 있다고 생각했다.

풍요의 신, 죽음의 신인 디오니소스는 그리스인들의 사고방식에서 황홀경(ekstatischer Rausch)의 신이기도 하다. 디오니소스를 따르는 사람은 자신의 정체성을 벗어 던지고, 디오니소스 신과 그를 따르는 축제의 무리들인 사튀로스 및 마이나데스들과 합일을 이루어야 한다. 자기 자신의 정체성과 사회적 역할까지 벗어나게 하는 디오니소스적인 황홀경은 이성의 굴레에서 놓여나는 것을 의미한다. 나아가서 개인적인 정체성을 벗어버리고 자신과 전혀 다른 사람 또는 신의 지위로 나아가는 것을 의미한다. 이러한 황홀경적인 변신을 도와주었던 도구들로는 가면과 의상, 음악과 자연모방적인 춤 등이 있었다. 디오니소스 신의 이러한 측면들 덕분에 그는 연극의 신이 될 수 있었다.

기원전 6세기에 이미 디오니소스 신은 아티카 지방 전체에서 희생제의뿐만 아니라 코러스의 공연을 통해 많은 존경을 받고 있었다. 코러스는 사튀로스로 분장을 하거나 또는 동물의 형태로 등장했다. 그리고 동물들의 행동을 모방하는 춤을 추고 노래했다. 페이시스트라토스는 디오니소스 신을 섬기는 제의와 연극을 대도시 디오니소스 축제의 중심으로 끌고 들어왔다. 이러한 결정으로 드라마와 연극의 발전은 엄청난 속도로 진행되었다. 기원전 6세기 말 클레이스테네스(Kleisthenes)는 정치적 개혁의 과정에서 페이시스트라토스를 추종하는 세력을 몰아내고 폴리스 민주주의의 기초를 확립했다. 이때 클레이스테네스는 대도시 디오니소스 축제의 프로그램을 새로 개정했는데, 이 시기에 벌써 연극인들 사이의 경쟁이 매우 컸기 때문에 경연 형식으로 축제가 조직되었다. 이때부터 세 명의 비극작가가 작품을 경연 대회에 출품했다. 각 작품은 3부작 비극과 사튀로스극 한 편이 합쳐져 4부작으로 구성되었다. 사튀로스 극이라는 명칭은 사튀로스들이 코러스로 등장했기 때문에 붙여졌다. 사튀로스 극은 단순하게 '사튀로스들(hoi sátyroi)'이라고 불리기도 했다. 그리고 기원전 486년에는 희극 역시 디오니소스 축제의 공식 프로그램에 포함되었다. 물론 비극과 마찬가지로 희극 역시 기원전 6세기 훨씬 이전에 그 역사가 시작되었다.

그림 3 기원전 540년경에 제작된 항아리(Amphora). 디오니소스 신, 춤추는 마이나데스, 사튀로스가 그려져 있다.

기원전 5세기 중반에는 배우들의 경연이 처음으로 시작되었다. 그리고 같은 시기에 디오니소스 극장을 증축하는 공사가 시작되었다. 이러한 두 가지 사실에서 우리가 유추할 수 있는 것은 연극이 사회적으로 점점 더 중요해졌다는 점과 일반 시민이 아닌 전문 예술가들에 의해 연극이 공연되기 시작했다는 점이다. 페리클레스가 디오니소스 극장의 관객석 오른쪽에 건축한 오데이온(Odeion; 그림 5번, 6)이 어떤 형태와 기능을 가졌는지에 대해서는 아직 정확하게 알려진 바가 없다. 오데이온은 아마도 배우들이 공연 전 리허설을 할 때 사용했을 것으로 추정된다. 나아가서 페리클레스는 오데이온을 건축하면서 디오니소스 극장의 관객석을 개축 및 증축했을 것으로 짐작된다.

기원전 5세기 후반에 연극의 발전은 계속되었다. 국가는 대도시 디오니소스 축제 이외에도 두 번째로 큰 레나이아 축제(25페이지 참고)에도 공식적인 연극경연을 조직했다. 레나이아 축제에서는 기원전 440년경부터 처음으로 희극을 공연했고, 기원전 430년부터는 비극을 공연했다. 그리고 아테네 이외의 지역에서도 연극이 공연되었다. 아티카 지방의 많은 시골 마을에서는 소위 시골 디오니소스 축제라고 불리는 축제를 위해 독자적인 극장을 건설하거나 아니면 전통적으로 행사나 모임의 장소로 사용하던 곳을 극장으로 활용했다.

기원전 4세기에는 그리스 전 지역에 연극이 퍼졌다. 아테네와 디오니소스 극장은 여전히 이러한 발전의 중심에 서 있었다. 하지만 어디서나 새로운 극장이 세워졌고, 이들 극장에서는 유랑 전문 극단에 의해 공연이 올라갔다. 시골 디오니소스 축제에서는 관객들의 사랑을 많이 받은 작품의 경우 재공연이 허락되었지만, 기원전 5세기 대도시 디오니소스 축제와 레나이아 축제에서는 경연에서 승리하지 못한 작품들을 개작한 경우나 아니면 아주 예외적인 경우에만 재공연이 허용되었다. (실제로 에우리피데스의 〈힙폴뤼토스〉가 그 예이다.) 예를 들어 기원전 456년 아이스킬로스가 작고했을 때 민회를 통해 아이스킬로스의 작품을 디오니소스 축제에서 재상연하기로 결정했다. 그리고 아리스토파네스의 희극 〈개구리〉는 작품이 거두었던 큰 성공 덕에 한 번 더 상연될 수 있었다. 기원전 4세기에는 경연대회와는 상관없이 고전적인 작가들의 작품을 재공연하는 것이 축제의 중요한 프로그램이 되었다. 그리고 기원전 3세기에는 고전 작품들의 재공연에서 연기하는 배우들을 위한 연기 경연까지 열리게 된다. 극장의 지속적인 확장으로 인해 기원전 5세기 후반에 이미 시작되었던 연극의 전문화는 가속화되었다. 나아가서 고전적인 작품들의 재공연이 점점 많아졌다. 무엇보다 생존 기간에는 아테네에서 그다지 큰 성공을 거두지 못했던 에우리피데스가 대중적으로 큰 인기를 누렸다. 그리고 희극부문에서는 기원전 4세기 말부터 소위 신희극이라고 불리는 메난드로스(기원전 342년~기원전 290년)의 작품들이 큰 인기를 끌었다. 그리고 마임, 소극, 인형극도 큰 인기를 끌었다. 물론 이러한 다양한 형태의 공연들에 대해 우리가 알 수 있는 것은 많지 않다. 헬레니즘 시대에는 이렇게 그리스 연극이 널리 퍼졌다. 그리고 연극은 그리스인들의 문화적 삶 속에서 가장 중요한 요소가 되었다. 이것은 로마시대까지 지속되었던 현상이다.

고대 그리스의 희곡 작품들 중에서 우리에게 전해 내려오는 것은 아주 일부분에 지나지 않는다. 수기로 전해져 내려오는 텍스트들은 모두 고대 그리스의 학교에서 사용되었던 세 명의 비극작가들의 작품으로 한정되어 있다. 에우리피데스의 작품은 우연히 보존된 전집 덕분에 많이 생존할 수 있었다. 이 전집은 알파벳순으로 작품을 편집해 놓았다. 그리고 아리스토파네스(기원전 445년~기원전 385년)의 희극 작품은 11편이 전해져 온다. 그 밖에 메난드로스의 희극 작품 1편(역자 주: 〈심술쟁이 Dyskolos〉)은 거의 완벽하게 보존되어 있고, 몇 개의 단편이 전해진다. 메난드로스의 작품은 이집트에서 우연히 발견된 파피루스를 통해 전해졌다. 기원전 4세기의 비극과 희극 작품 중에서는 에우리피데스가 창작했다고 알려진 〈레소스 Rhesos〉를 제외하면 몇 개의 파편적 문장만이 남아 있다. 이들 작품을 통해 우리는 기원전 4세기의 공연이나 연극적 관습에 대해 추정할 수 있는 것이 거의 없다. 이러한 이유에서 다음 장에서 우리가 다룰 그리스 연극의 생산 및 수용의 조건들은 모두 고전기인 기원전 5세기에만 한정될 것이다. 고전기 이후의 연극에 대해서는 간략하게 언급할 것이다.

2. 연극 제작

a) 디오니소스 축제와 연극 경연

아테네의 축제 달력은 다양한 디오니소스 축제를 포함하고 있었다. 그 중에서 3개의 축제만이 연극을 공연했다: 1. 아티카 지방 시골에서 치러졌던 시골 디오니소스 축제(Ländliche Dionysien), 2. 아테네에서 치러졌던 레나이아 축제(Lenäen), 3. 대도시 디오니소스 축제(Groβe Dionysien). 세 축제는 모두 겨울 또는 봄이 시작되는 시기에 치러졌다. 축제가 매우 이른 시기에 치러졌다는 사실은 오늘날의 시각에서 보았을 때 놀라울 수 있다. 왜냐하면 그리스에서도 이 시기는 매우 추웠기 때문에 야외에서 연극을 보는 관객들이 차가운 바닥이나 의자에 앉아서 그 긴 시간을 어떻게 견딜 수 있었을까 하는 의문이 들기 때문이다. 하지만 연극이 축제에 포함되었다고 하더라도 풍요를 기원하는 성스러운 축제의 전통적인 일정은 마음대로 변경할 수 없었다. 게다가 겨울에는 공연에 직접적으로 또는 간접적으로 참가하는 대부분의 남자들이 공연을 준비하는데 필요한 시간이 충분했다. 겨울에는 다른 계절에 비해 농업뿐만 아니라 다른 분야에서도 반드시 해야만 할 일이 적었기 때문이다. 바다를 통한 무역이나 지역 분쟁 같은 것들도 겨울에는 거의 없었다.

1. 디오니소스 축제는 12월 말 아티카 지방에서 열린 시골 디오니소스 축제로 시작했다. 이 축제에 대해서 우리에게 알려진 것은 거의 없지만, 아리스토파네스의 작품 〈아카르나이 구역민들〉은 지방에서 치러진 축제들이 어떻게 진행되었는지 짐작할 수 있게 해 준다. 작품의 주인공인 디카이오폴리스는 스파르타인들과의 전쟁으로 인한 피해에 지쳐서 적들과 개인적으로 평화협정을 맺는데 성공한다. 그리고 이 평화를 기념하기 위해 작은 디오니소스 축제를 준비한다. 아리스토파네스의 작품에서 축제는 남근상 행진, 제물 바치기(Bocksopfer)로 이루어져 있다. 그리고 초기 드라마적인 코러스의 춤(prädramatische Chortänze), 희극적인 놀이 및 소극들이 여기에 포함되었을 것이라는 사실은 분명해 보인다. 하지만 시골 디오니소스 축제에서 희곡을 바탕으로 연극을 공연하는 것은 기원전 5세기 후반에나 되어야 가능했다. 아마도 대도시 디오니소스 축제에서 공연되었던 작품들이 다음 해에 시골 디오니소스 축제에서 공연되었을 것이다. 그리고 시골 디오니소스 축제를 위해 쓰인 새로운 작품들이

공연되기도 했다. 시골 디오니소스 축제에 대한 광범위한 자료들은 기원전 4세기 이후에 들어서야 나오기 시작한다. 이때에는 연극의 대중성과 전문성이 성장하기 시작하면서 수많은 지방극장들이 생겨났다. 그리고 많은 지역에서 시골 디오니소스 축제는 중요한 연극축제로 성장했다. 플라톤은 『국가』에서 연극에 미쳐 각 지역의 디오니소스 축제를 돌아다니는 사람을 우스꽝스럽게 묘사한다(475d). 그리고 각 지역에서 축제를 담당하는 사람들이 일정을 조율해서 연극을 상연하는 극단들이 무리 없이 여행을 할 수 있도록 배려했다는 기록도 남아 있다.

2. 레나이아 축제는 시골 디오니소스 축제가 치러지고 나서 한 달 후인 1월 말에 아테네에서 거행되었다. 마찬가지로 레나이아 축제에 대해서 우리가 정확하게 알고 있는 사실은 매우 적다. 레나이아라는 축제의 이름은 레나이(Lenai)라는 단어에서 기원한다. 레나이는 바카이(Bakchai)와 동일어로 디오니소스 신을 추종하고, 황홀경에 빠진 여신도들을 일컫는 말이다. 축제의 이름에서 우리가 유추할 수 있는 것은 레나이아가 황홀경 상태에서 거행된 여성들만의 축제였다는 사실이다. 그리고 확실한 사실은 레나이아 축제에도 기원전 5세기 중엽 이후부터 거리 퍼레이드와 국가에 의해 조직된 연극 공연이 있었다는 것이다. 기원전 439년부터 희극 경연대회가 열렸고, 5명의 작가들이 각각 1작품씩을 출품했다. 레나이아 축제에서는 이 희극경연대회가 중요했다. 10년이 흐른 후 비극 경연대회 역시 개최했다. 비극은 두 명의 작가들이 경쟁을 했고, 각각 두 작품을 출품했다. 희극경연대회와 비극경연대회에서는 모두 - 아마도 처음부터 - 연기 경연대회가 함께 열렸다.

1월에는 아직 항해를 할 수 없는 시기였기 때문에 축제는 매우 가족적인 분위기 속에서 치러졌다. 그래서 대도시 디오니소스 축제보다 상대적으로 덜 중요했다. 특히 비극 경연대회의 경우에 그러했다. (소포클레스는 경연대회에서 총 24번 우승을 했지만 레나이아 축제에서 우승한 것은 사분의 일에 지나지 않는다. 아이스킬로스와 에우리피데스는 레나이아 축제에 참여했다는 기록이 전해지지 않는다.) 그리고 희극 경연대회의 경우에도 레나이아 축제는 규모 면에서는 대도시 디오니소스 축제에 결코 뒤처지지 않았지만, 사회적 중요성의 면에서는 훨씬 떨어졌다. 아리스토파네스는 레나이아 축제에서 두 번이나 승리를 한 이후 〈구름〉을 가지고 대도시 디오니소스 축제에 참여했다가 떨어졌다. 그는 이 작품을 다시 개작해서 레나이아 축제에 출품했고, 작품의 도입부에서 자신의 실망을 적나라하게 묘사했다(518~525행).

레나이아 축제는 레나이온(*Lenaion*)이라는 디오니소스 성지에서 벌어졌다. 레나이온이라는 곳이 어디를 가리키는지 정확히 알려진 바는 없다. 그리고 레나이온에 독립적인 극장이 세워졌을 것이라는 사실을 추측할 수는 있지만 개연성이 떨어진다. 레나이아 축제에서 연극 공연은 경연대회가 시작된 이후부터 아테네 디오니소스 극장에서 개최되었을 것이다.

3. 디오니소스 축제 중에서 가장 중요한 것은 대도시 디오니소스 축제였다. 대도시 디오니소스 축제는 3월 말에 치러졌다. 그리고 전체 프로그램은 잘 전해져 내려오고 있다. 아래에 소개할 축제의 프로그램은 상황에 따라서 약간 축소되거나 또는 변경되었을 수도 있다(예를 들어 기원전 431~기원전 404년 사이에 있었던 펠로폰네소

스 전쟁의 영향으로 축제프로그램이 축소되었다). 그러나 프로그램이 크게 변화를 겪게 되는 것은 기원전 4세기에 들어서야 가능했다.

축제가 시작되기 직전에 프로아곤(*Proagon*, 경연하기 전이라는 뜻)을 통해 축제 때 공연될 작품들을 소개했다. 프로아곤에서 작가, 음악가, 배우, 코러스 등은 의상이나 가면을 쓰지 않은 채 대중들에게 자신을 소개했다. 이때 작품들까지 소개가 되었는지 또는 작품이 소개되었다면 어떤 식으로 소개되었는지에 대해서는 알려진 바가 없다. 그리고 이 홍보행사가 언제 어디서 개최되었는지에 대한 자세한 정보도 없다. 오데이온(*Odeion*; 21쪽 참고)을 건설하고 나서는 아마도 이곳에서 프로아곤이 개최되었을 것이다. 그리고 리허설 역시 오데이온에서 열렸을 것으로 짐작된다. 축제가 열리기 전날 밤에는 엘레우테레우스의 디오니소스 흉상을 도시 성벽 밖으로 가지고 나갔다가 아테네로 다시 입성하는 횃불행진을 벌였다. 이 행진은 디오니소스 신이 아테네에 도착하는 것을 상징적으로 재현한 것이다. 횃불행진의 마지막에는 아크로폴리스의 자락에 있는 디오니소스 신전에 흉상을 모셨다.

5일 동안 열리는 축제는 배우와 관객들이 함께 디오니소스 신전까지 퍼레이드를 하고 제물을 바친 다음, 디튀람보스 경연대회와 함께 시작되었다. 아테네는 기원전 6세기 말부터 10개의 지역구로 나뉘어져 있었다. 이 디튀람보스 경연대회에는 아테네 10개의 지역구에서 각각 50명의 인원으로 구성된 소년 합창단과 성인 합창단(노래만 하는 것이 아니라 춤까지 췄다)이 참가했다. 모두 20개 팀의 디튀람보스 경연이 끝나면 두 번째 날에는 희극 경연대회가 열렸다. 희극 경연대회에는 레나이아 축제와 마찬가지로 5명의 희극작가들이

한 작품씩을 출품했다. 그리고 전체 축제의 하이라이트는 비극 경연대회였다. 세 명의 비극작가들은 각각 4부작을 공연했다. 기원전 5세기 중반부터는 최고의 비극 배우에게도 상이 주어졌다. 희극 배우들의 경연은 기원전 4세기에서야 실시되었다.

경연에서 비극과 희극의 공연 순서는—아테네 민주주의에서 언제나 그렇듯이—추첨을 통해 결정했다. 경연대회에서 승리자는 시민 심판관들에 의해 결정되었다. 아테네인들은 심판관들의 투표와 판정이 절대적으로 공정하게 이루어질 수 있도록 하기 위해 매우 복잡한 시스템을 만들었다. 아테네 10개 지역구는 각각 자신의 지역구를 대표할 심판관 10명을 선정한 다음, 이들의 이름을 돌판에 써서 10개의 지역구 항아리에 보관했다. 경연이 모두 끝나고 나면 이들 항아리에서 한 개씩 돌판을 꺼낸 다음, 그 돌판에 이름이 새겨진 사람이 투표권을 행사했다. 심사 과정은 이게 전부가 아니었다. 10명의 심판관들이 제출한 표에 근거해서 우선 1등이 선정되었고, 2등과 3등은 10개의 표 중에서 5개의 표에만 근거해서 선정했다. (2등과 3등을 가릴 때도 다시 항아리 추첨을 통해 심사위원단을 먼저 뽑았다.) 이러한 복잡한 과정은 마치 아테네인들이 최종결정을 축제의 신에게 직접 맡기려는 듯한 인상을 주기도 한다. 5개의 표에 근거해서 2등과 3등을 가려야 했지만, 근소한 차이로 결정이 안 되었을 경우, 나머지 5개의 표 역시 참고해서 결정했다. 시민 심판관들이 어떠한 기준에 의거해서 판정을 했는지는 알려진 바가 없다. 아마도 작가의 명성이나 관객들의 공연에 대한 반응 등이 중요한 역할을 했을 것이다. 그 밖에도 코레게(*Chorege*, 31쪽 참고)[2]의 사회적 명망이나

---

2 아테네의 부유한 시민으로 연극 제작비용을 부담했던 사람을 말함.

공연의 외적인 스펙터클 역시 중요한 역할을 했을 것이다. 희극 공연에서는 배우들이 심판관들에게 직접 말을 걸면서 무언가 약속을 요구하거나 경고, 협박을 하면서 희극적인 상황을 연출하기도 했다.

경연대회는 공연이 올라가기 훨씬 전부터 시작된다. 경연대회에 참여하고자 하는 작가들은 축제가 열리는 해의 전년도 여름에 축제를 관리하는 관리에게 신청을 해야 했다. 그리고 수개월이 걸리는 공연 준비 작업에는 수많은 시민들이 직접적으로 또는 간접적으로 참여했다. 이러한 사전 준비들은 대중들이 공연에 대해 가지는 기대감을 상승시켰다. 나아가서 작품의 상연에 직간접적으로 참여하면서 다양한 일을 하는 작가들, 코레게, 배우, 코러스 사이에는 경쟁관계에서 오는 긴장감이 생성되었다.

아테네 연극축제가 가지고 있는 경연대회라는 성격은 현대의 관객들에게는 놀라운 현상이다. (경연대회라는 성격은 레나이아 축제에서도 마찬가지였다.) 물론 오늘날에는 이와 비슷한 현상을 세계적인 영화제에서 발견할 수 있다. 그리스 문화의 전체 컨텍스트 내에서 이러한 경연대회는 특별한 것이 아니었다. 경연은 그리스의 수많은 삶의 영역과 사고, 감정을 지배했다.

b) 연극의 조직과 재정

고대 그리스 연극의 가장 중요한 특징 중에 하나는 연극이 종교적, 정치적 요소와 밀접한 연관을 맺고 있다는 점이다. 물론 연극이 제의로부터 기원했음에도 불구하고 기원전 5세기 연극은 더 이상 제의적인 퍼포먼스는 아니었다.[3] 그러나 연극이 공연되는 축제는 디오니소스 신을 섬기는 제의에서 가장 중요한 사건이었다. 연극 공연은 퍼레이드, 제물 바치기, 디튀람보스 등과 마찬가지로 축제를 관장하는 디오니소스 신에게 바치는 선물이었다. 물론 연극 작품들이 디오니소스 신을 거의 테마로 다루지 않았다는 것은 사실이다. 그럼에도 불구하고 신은 다양한 방법으로 그리스 사람들의 사고 속에 현존했다. 다른 한편으로 공연과 함께 치러졌던 정치적 행사들과 아테네의 힘을 과시하는 선전 등을 통해 볼 때 축제의 정치적 의미 역시 중요했다. 공연이 시작되기 전에 아테네 시민들과 외국인, 손님들 중에서 폴리스를 위해 기여를 한 사람에게 표창을 수여했다. 그리고 성인이 된 전쟁고아들을 불러내어 극장의 오케스트라에서 군장을 수여했다. 아테네 해상 동맹국가에서 온 10명의 장군들은 제물을 바쳤다. 그리고 해상 동맹 국가들이 가지고 온 10개의 공물(Tribute) 항아리를 극장 안으로 가지고 와서 오케스트라에 전시했다. 이런 식으로 아테네는 해상 동맹의 맹주이자 중심으로서 정치적 권력과 경제적 능력을 과시했다. 그리고 이어서 펼쳐지는 연극 공연을 통해 아테네는 '그리스의 학교'로서 예술적인 면에서의 헤게모니도 과시했다. 축제에 참가한 아테네 시민들은 자기가 살고 있는 폴리스의 정치적·경제적 능력에 대한 우월감을 가질 수 있었다. 그리고 축제에 참여하기 위해 아테네를 방문한 해상 동맹 국가 출신의 손님들과 친구들은 아테네에 대한 경이로움과 존경심을 느낄 수밖에 없었다.

---

3 고전기 그리스 연극은 엄격한 형식을 가지고 있었다. 지금까지 전해지는 모든 고전기 희곡은 엄격한 운율을 가진 운문텍스트이고, 장면의 진행순서(프롤로그, 등장가, 삽화, 정립가, 에필로그) 역시 일정하게 유지되었다. 저자 자이덴슈티커는 고전기 희곡이 가지고 있는 이러한 특징들이 제의에서 행해졌던 즉흥적인 퍼포먼스와는 거리가 멀다는 주장을 하고 있다. 그래서 테스피스 이후 연극은 제의의 영역을 벗어나 예술의 영역으로 들어오기 시작한 것이다.

이러한 이유로 인해 연극 공연과 공연의 재정 문제는 국가의 책임 하에 있을 수밖에 없었다. 대도시 디오니소스 축제의 경우에는 폴리스에서 가장 높은 직책에 해당하는 아르콘 에포니모스(*Archōn Epōnymos*)가 직접 관리했고, 레나이아 축제의 경우에는 폴리스의 모든 종교적 제식을 관리하는 아르콘 바실레우스(*Archōn Basileús*)가 관리했다. 시골 디오니소스 축제의 경우에는 각 지역의 최고위 행정 공무원이 관리했다. 각 축제를 관리하는 책임자들은 연극 경연대회에 참여할 작품을 선정했다. 어떤 기준에 따라 작품을 선정했는지에 대해서는 알려진 바가 없다. 아테네에서는 한 해가 7월 달에 시작했고, 관료들이 7월에 부임하자마자 맨 먼저 결정했던 것이 연극 경연대회 참가작 선정이었기 때문에 다음 해에 있을 공연을 준비하는 데는 시간이 충분히 있었다.

경연대회에 참여하는 작가들에게는 한 명의 코레게가 배당되었다. 코레게는 코러스를 선발하고 또 코러스에게 필요한 의상이나 연습 장소, 식비, 각종 비용 등을 지불했다. 그리고 작가가 코러스를 훈련시키지 않고 특별히 전문가를 초빙하는 경우 코레게는 이 비용까지 지불해야 했다. 코레게는 나아가서 모든 단역들과 필요한 경우 세컨드 코러스에 대한 비용까지 지불해야 했다. 이에 반해 국가는 배우들에 대한 비용을 지불했다. 그리고 작가들에 대한 사례금, 경연대회 우승자에 대한 상금, 극장 건축 등을 부담했다. 국가 역시 연극 공연에 필요한 많은 자금을 지원했다고 할 수 있다. 코레게는 많은 비용이 들기는 했지만 시민으로서 매우 명예로운 직책이었다. 아르콘은 코레게를 하려고 자원한 사람이 부족한 경우 부유한 시민 중에서 선정할 수 있는 권한이 있었다. 코레게 일을 하는 것은 시민으로서 이름을 알리는데 매우 중요한 역할을 했다. 그리고 코레게가 사용한 비용은 작품의 성공 여부에 큰 영향을 끼쳤다. 테미스토클레스부터 페리클레스, 알키비아데스까지 당대의 유명인들은 모두 코레게로서 일을 했다. 작가에게 1명의 제작자를 붙여주는 이러한 시스템은 오랫동안 유지되었다. 기원전 4세기 후반이 되어서야 코레게 시스템은 사라졌다. 그 이후에는 1년 단위로 선출되는 경연 관리자 아고노테테스(*Agōnothétēs*)가 디오니소스 축제의 조직을 담당했다. 그리고 축제에 필요한 모든 비용은 시민의 참여 없이 모두 국가가 담당했다.

3. 기원전 5세기 디오니소스 극장

오늘날 고대 그리스의 극장 중에서는 수 백 개의 유적들이 남아 있다. 이들 중에는 보존 상태가 매우 좋아서 지금도 극장으로 사용하는 곳이 있다. 극장들은 매우 다양한 시기에 걸쳐 지어졌고, 또 자주 개축되었음에도 불구하고 몇 가지 공통되는 점들이 발견된다.

- 고대 그리스의 극장들은 일반적으로 도시 속, 아고라(역자 주: 도시 내의 광장. 시민들의 집회장소이면서 시장의 기능도 수행했던 곳) 근처 또는 디오니소스 성지의 근처에 지어졌다. 그러나 델피나 에피다우로스에 있는 극장이 보여주듯이 도시로부터 멀리 떨어져 있거나 또는 디오니소스 이외 다른 신들의 성지 근처에 지어질 수도 있었다. 델피 극장은 아폴론 신의 성지 근처에 지어졌고, 에피다우로스 극장은 아스클레피오스 신의 성지 근처에 세워졌다.

- 그리스의 극장은 야외극장이다. 그리고 몇 개의 예외적인 경우 (예: 메타폰툼 Metapont)를 제외하면 모두 경사진 언덕 아래에 세워졌다. 그래서 객석에 앉아서 관객들은 산 아래를 내려다보 거나 바다를 바라볼 수 있었다.

- 극장이 어느 방향으로 지어졌느냐에 대한 일관된 경향은 존재 하지 않는다. 그러나 상황이 허락한다면 보통은 남쪽을 향해 극장이 세워졌다. 이것은 겨울이나 초봄에 공연을 할 때 해가 관객석을 따뜻하게 해 준다는 장점이 있다. 그리고 아침 시간이 나 저녁 시간에는 해가 관객의 눈을 부시게 해서 관극을 방해하 지도 않았다. 하지만 단점도 있었다. 현대적인 극장에서는 조명 기가 배우의 전면을 비춘다면, 고대 그리스의 극장에서는 해가 배우의 뒷면에 위치한다.

그림 4 기원전 4세기경의 디오니소스 극장(M. Korres가 제작한 모델)

- 모든 고대 그리스의 극장은 다음 세 개의 부분으로 구성되어 있었다.

　　a) 테아트론 *Théatron* (*théatrai*: 보다, 관찰하다) – 관객들이 앉아서 공연을 감상하는 객석. 기원전 4세기부터는 코일론 *Koilon* (*koílos*: 홈이 패인, 아치형의)이라고 불림.

　　b) 오케스트라 *Orchéstra* (*orchéisthai*: 춤추다) – 코러스가 춤을 추고 노래하는 공간. 적어도 고전기에는 배우들이 연기하는 장소로 사용하기도 했음.

　　c) 스케네 *Skéné* (*skéné*: 천막, 오두막) – 배우들이 연기하는 공간이자 연극의 공간적 배경을 제시하는 무대. 궁전, 사원, 집, 천막, 동굴 등 다양한 장소로 기능.

연극에 관심 있는 일반인들이 고대 그리스 연극하면 생각하는 이미지들은 소아시아 지역에 산재해 있는 잘 보존된 헬레니즘 시대의 극장들이거나 아니면 에피다우로스 극장(그림 1번)이라고 할 수 있다. 특히 에피다우로스 극장은 이미 고대 그리스에서 가장 아름다운 극장으로 극찬을 받기도 한 곳이다. 아테네에 있는 디오니소스 극장의 경우 기원전 330년에 완료된 대규모의 개축 사업을 통해 오늘날과 유사한 석조 극장 형상을 갖출 수 있었다(그림 4번).

그러나 기원전 5세기에 비극작가와 희극작가들의 작품이 공연되었던 극장은 이들 극장과 매우 다르게 생겼을 것으로 추정된다.

a) 테아트론

기원전 4세기에 석조 극장으로 개축된 디오니소스 극장은 좌석이 아크로폴리스 언덕 근처까지 올라갔다. 그리고 총 14,000명에서 17,000명까지 관객을 수용했다(그림 4번). 기원전 5세기 디오니소스 극장의 테아트론이 어느 정도 규모를 가졌는지는 오늘날 정확하게 말할 수는 없다. 왜냐하면 테아트론의 맨 위쪽 라인이 아직 발굴되지 않았기 때문이다. 현재까지 이루어진 고고학적인 발굴에 따르면 테아트론은 아크로폴리스 언덕의 절반까지는 올라갔던 것으로 파악된다(그림 5번).

그 밖에 몇 개의 우물들(그림 5번에서 8)이 발굴되었고, 또 집이 있었던 흔적이 발굴되었다. 그리고 언덕을 가로지르는 길(그림 5번에서 9)과 극장의 뒷벽으로 길(그림 5번에서 7)이 하나 있었던 것으로 보인다. 이것은 아마도 극장으로 출입하는 것이 위쪽에서도 가능했다는 것을 보여준다. 이 발굴결과가 맞는다면 우리는 기원전 5세기 극장에 약 6,000명에서 8,000명 정도의 관객 수를 예상할 수 있다.

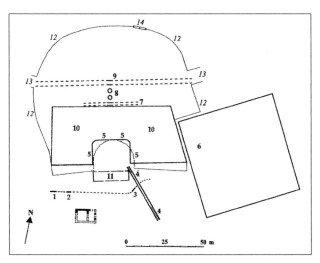

그림 5 기원전 5세기경의 디오니소스 극장 발굴 도면
(H. R. Goette 제작)

연극 공연이 해를 거듭할수록 그 중요도 면에서 커졌기 때문에 극장 규모 역시 점차적으로 커졌을 것으로 추정된다. 이러한 추론이 맞는 다면, 아이스킬로스 시절에는 관객 수가 더 적었을 수도 있다.

아테네에서는 이미 기원전 6세기부터 목조 극장에서 공연을 관람했다. 언덕에 있는 테아트론에서 나무로 된 긴 의자에 앉아 공연을 본 것은 고고학적 발굴과 문헌조사를 통해 입증되었다. 기원전 4세기의 석조 극장과는 달리 테아트론이 원형이 아니라 직선으로 되어 있었을 것이라는 사실은 건축물의 재질이 나무라는 사실에서도 짐작할 수 있다. 그리고 기원전 5세기 극장의 테아트론 맨 앞 열에 사용되었던 석회암 주춧돌 및 벽돌이 발굴되었는데, 이 벽돌의 형태로 보았을 때 극장의 테아트론은 원형이 아니라 직선으로 뻗어 있는 것을 확인할 수 있다(그림 6번). 이 벽돌의 측면은 직선으로 배치할 수 있도록 직각으로 되어 있고, 또 자리를 표시하기 위해 써 놓은 알파벳의 형태로 보아서 기원전 5세기 후반에 제작된 것이 확실하다.

기원전 5세기의 테아트론이 원형이 아니라 둔각으로 꺾인 측면을 지닌 직사각형이었다는 것은 매우 개연성이 높다(그림 8번). 그리고

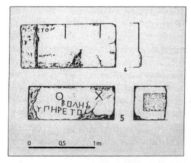
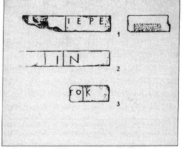

그림 6 기원전 5세기 디오니소스 극장의 흔적을 보여주는 석회암 벽돌과 주춧돌

이러한 형태의 극장은 아티카 지방에 세워졌던 다른 극장에서도 확인되고 있다. 이러한 구조는 많은 수의 관객들에게 좋은 시야각을 보장해 주었다. 그리고 기원전 444년 페리클레스 시절에 지어진 오데이온이 테아트론의 동쪽 날개에 평행하게 지어졌다는 사실 역시 추론할 수 있다(그림 5번에서 오른쪽 아래에 위치한 6번 정사각형 모양의 대지가 오데이온이 있던 자리임). 나무로 된 테아트론은 계단으로 된 수직 통로로 연결되어 있었다. 수직 통로를 통해 관객들은 빠른 시간 내에 자리를 찾아 갈 수 있었다. 관객석을 수평으로 가로질러 위아래 두 개의 블록으로 구분하는 길(diázōma)은 존재하지 않았을 것으로 생각된다. 관객들이 극장 위에서 아래 테아트론으로 진입하는 것은 가능했을 것이다.

b) 오케스트라

우리는 오랫동안 기원전 5세기의 디오니소스 극장이 리쿠르구스의 석조 극장이나 에피다우로스 극장(그림 1번)과 마찬가지로 원형의 오케스트라를 가지고 있었다고 생각했다.[4] 그러나 최근 이 가정을 뒤집는 증거들이 많아졌다. 예를 들어 앞서 언급했던 관객석 첫 번째 열의 유적이나 오데이온의 위치 등이 오케스트라의 형태가 원형이 아니라는 것을 말해준다. 가장 결정적인 증거는 지금까지 아티

---

4 아테네의 정치가 리쿠르구스(Lykurgus von Athen, 기원전 390년~기원전 324년)는 기원전 4세기에 디오니소스 극장을 석조 극장으로 개축했다. 리쿠르구스 석조 극장은 비슷한 시기에 지어진 에피다우로스 극장과 마찬가지로 원형의 오케스트라를 가지고 있었다. 다시 말해서, 저자 자이덴슈티커는 기원전 5세기의 극장이 직사각형의 오케스트라를 가졌다면, 기원전 4세기 석조 극장에서는 오케스트라가 원형으로 변한다고 주장하고 있다.

카 지방이나 아티카 이외 지방에서 발굴된 초기 극장들이 모두 직사
각형 또는 사다리꼴에 가까운 오케스트라를 가지고 있다는 점이다.

가장 최고의 예는 토리코스(Thorikos)에서 발굴된 극장이다(그림
7번). 사람들은 오랫동안 토리코스 극장이 예외적인 형태를 가졌다
고 생각해 왔다. 그러나 최근에 발굴된 트라코네스(Trachones) 극장
역시 직사각형에 가까운 오케스트라를 가지고 있었다. 기원전 5세
기에 건설된 극장 중에서 원형의 오케스트라를 가진 것은 지금까지
한 번도 발굴된 적이 없다. 새로운 발굴을 통해 최종적으로 오케스
트라의 형태에 대한 결론이 나기 전까지 고전 연극의 해석자는 고전
기 극장에서 오케스트라가 사다리꼴 형태였다는 것에서 출발해야
할 것이다.

오케스트라의 양 옆으로는 코러스가 등퇴장할 수 있는 넓은 길이
나 있었다. 그리고 이 길을 통해 등장인물들도 등퇴장 할 수 있었다.
관객들 역시 이 통로를 통해 극장으로 들어올 수 있었다. 이 통로는
파로도이(*Párodoi*, 또는 에이소도이 *Eísodoi*)라고 불리웠다. 기원전
5세기에 스케네에서 오케스트라로 연결되는 지하통로가 있었는지
는 확실하지 않다. 이 장치는 유령이 오케스트라에 등장할 때 사용
했고 지금까지 헬레니즘 시대의 극장들(예를 들어 에레트리아 Eretria
극장)에서만 간헐적으로 사용된 것이 확인되었다. 폴룩스는 이러한
지하통로를 카론의 계단(*Charōniai Klímakes*)이라고 불렀다.

c) 스케네

오케스트라를 사이에 두고 관객석 맞은편에는 무대 건물
(Bühnengebäude)이 하나 서 있었다. 스케네(*Skéné*, 텐트, 오두막)라는

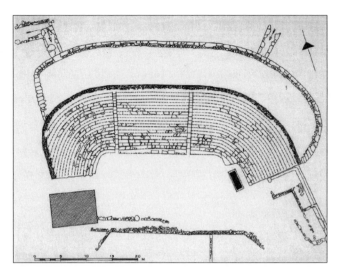

그림 7 토리코스(Thorikos) 극장

그림 8 기원전 5세기 디오니소스 극장을 재현한 모델
(J.-C. Moretti 제작)

이름이 암시하는 것처럼 이것은 원래 매우 단순한 박스형 천막에 지나지 않았다. 테스피스에 의한 배우의 '발명' 이후 스케네는 배우가 다른 역할로 변신하기 위해 의상 및 가면을 교체했던 곳이다. 아이스킬로스의 〈오레스테스〉(458년)부터 스케네는 지붕위에서도 연기가 가능했을 정도로 매우 견고한 건물의 형태를 가졌을 것으로 추측된다. 스케네의 지붕은 무엇보다 신들의 등장을 위해 사용되었다. 그래서 지붕은 신들이 말하는 연단이라는 의미로 테오로게이온(*theologeion*)이라고 불렸다. 그러나 신들뿐만 아니라 극중 등장인물인 사람들 역시 지붕 위에 올라갈 수 있었다. 예를 들어 〈아가멤논〉프롤로그에서는 파수병이 지붕 위에서 등장했고, 에우리피데스의 〈오레스테스〉에서는 인질 헤르미오네가 오레스테스, 엘렉트라, 필라데스와 함께 신의 연단에 등장했다.

그림 9 기원전 5세기 디오니소스 극장의 전경. 뮌헨 연극박물관 제작 모델. (역자주: 오른쪽 맨 위에 있는 것은 디오니소스 사원, 그 아래에 스케네와 직사각형 형태의 오케스트라. 테아트론이 보인다.)

지붕 위에 올라가는 것은 스케네 안쪽 천장에 설치된 통풍창에 사다리를 설치해서 이용했다. 그리고 건물 뒤편에 사다리를 설치해서 올라가기도 했다(그림 8번).

기원전 4세기에 건설된 석조 극장의 경우 단층으로 된 스케네의 길이와 폭이 고고학적인 발굴을 통해 이미 확인이 되었다. 그러나 기원전 5세기에 세워졌을 나무로 된 스케네의 경우 그 크기가 어떠했는지 확인할 수 없다. 현재 전해지고 있는 대부분의 희곡 작품들의 경우 스케네에 문 하나만 있으면 충분했다. 다양한 경우들을 주의 깊게 살펴보면 중앙에 두 개의 문짝으로 된 큰 문이 하나 있고 이 문 양 옆으로 또는 한 쪽에만— 특히 희극공연에서는— 두 개 또는 하나의 문이 추가적으로 설치되었을 것이다. 아이스킬로스의 〈제주를 바치는 여인들〉에서는 오레스테스가 아이기스토스를 죽이자 노예 한 명이 무대로 뛰쳐나오면서 클뤼타이메스트라를 부른다. 그러자 곧바로 클뤼타이메스트라는 자신의 방에서 무대로 나온다(875~885행). 아리스토파네스의 작품 〈평화〉와 〈여인들의 민회〉의 경우에는 스케네에 문이 세 개 있다고 가정할 경우 훨씬 더 쉽게 공연을 할 수 있다. 메난드로스의 신희극 시대에는 세 개의 문이 실제로 표준이 된다. 스케네에 문이 몇 개 있었는가 하는 문제는 특히 기원전 5세기의 연극 공연이 얼마나 사실주의적으로 치러졌을지 판단하는 문제와 긴밀하게 연관되어 있다.[5] 왜냐하면 단 하나의 문을 이용해서 무대 안쪽에 있는 다양한 공간의 일을 상상하게 할 수 있고, 여러 집 안으로 들어가는 것으로 설정할 수도 있기 때문이다. 그

---

5 기원전 5세기의 공연이 사실주의적 관습을 따랐다고 가정하면 2~3개의 문이 필요하고, 그렇지 않다면 1개의 문으로도 충분히 공연이 가능하다는 말이다.

밖에 나무로 만들어진 스케네는 각 작품의 개별적인 상황에 맞추어서 개조될 수 있었다. 이것은 작품에 따라 이따금 필요한 창문의 경우 확인할 수 있다. 예를 들어 아리스토파네스의 〈벌〉에는 소송에 미친 필로클레온이 아들에 의해 감금되었다가 스케네의 벽에 뚫린 창문을 통해 빠져나오는 장면이 나온다(365행ff.).

비극을 공연할 때 장면마다 다른 장소에서 사건이 펼쳐지는 경우가 있다. 희극의 경우에도 마찬가지이다. 이럴 경우 장소의 변경은 무대에서 어떻게 제시하는지 우리가 정확하게 알고 있는 바는 없다. 로마의 건축가 비트루브(Vitruv)는 화가 아가타르크(Agatharch)가 아이스킬로스의 작품을 공연할 때 처음으로 무대 배경 그림(*skénographía*)을 설치했다고 말했다. 비트루브에 따르면 아가타르크가 여기서 처음으로 중심 투시도법(Zentralperspektive)을 발명했다고 한다. 하지만 대다수의 전문가들은 아가타르크의 무대 배경 그림이 아마도-바로크 연극에서 사용했던-자연주의적 화풍의 배경막(Kulissenmalerei)이 아니라 투시도법을 차용한 건축물 그림(Architekturmalerei)이었을 것으로 추정한다. 다시 말해서, 장소 교체의 문제는 다양한 장소를 묘사하는 그림을 스케네 건물 외벽에 고정된 목재 액자나 천 등에 제시하는 것을 통해 해결할 수 있었을 것이다.

기원전 5세기 극장에서 스케네가 평지 보다 높은 단 위에 존재했느냐 하는 점은 매우 중요한 문제이다. 페르세우스 항아리(그림 10번)를 보면 기원전 5세기 후반에 배우가 연기하는 스케네가 평지보다 높은 단(壇) 위에 설치된 것을 볼 수 있다. 그리고 텍스트 상에서도 높은 단을 암시하는 곳이 몇 군데 나온다. 그럼에도 불구하고 페르세우스 항아리 그림이 실제 공연 상황을 반영한 것인지는 확실

그림 10 높은 단 위에 설치된 무대. 희극이나 소극의 장면을 보여준다. 오른쪽의 배우는 페르세우스 역을 연기하고 있고, 왼쪽에는 관객이 보인다. 아테네 블라스토스 콜렉션. (E. R. Malyon 스케치)

하지 않다. 그러나 연기 경연대회가 열린 기원전 5세기 중엽 이후에는 배우와 연기술이 코러스의 춤과 노래보다 점점 더 중요해졌기 때문에 오케스트라에서 계단으로 연결된 단 위에서 연기를 한 것으로 추측하는 것이 설득력이 있다.

배우들이 연기하는 무대가 독립된 공간으로 분리된 이후에도, 무대는 오케스트라로부터 단 몇 계단 정도 높이로 떨어져 있었을 뿐이다. 그래서 배우와 코러스 사이에는 극복하기 어려운 경계가 생성되었다고 말할 수 없다. 희곡을 살펴보면, 배우와 코러스가 필요한 경우 언제나 함께 행동할 수 있었다는 사실은 확실해 보이기 때문이다. 결국 배우들이 연기하는 높은 단이 만들어지기 전 코러스는 관객석 쪽에, 배우들은 스케네 쪽에 근접해 있었지만 분리된 것은 아닌 것이 확실하다고 할 수 있다.

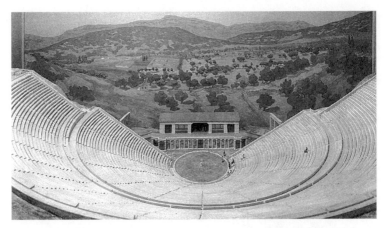

그림 11 헬레니즘 시대 양식으로 높은 단 위에 무대가 설치된 에피다우로스 (Epidauros) 극장. Hinrikus 제작 모델. 캐나다 로얄 온타리오 박물관 소장.

기원전 4세기 후반이 되어서야 무대는 높은 단 위에 설치된 것이 확실해 보인다. 그리고 이러한 형태의 무대는 이후 고대 그리스 극장의 전형적인 형태로 인식되었다. 왜 디오니소스 극장이 헬레니즘 시대에 높은 단 위에 설치된 무대(Hochbühne)를 갖게 되었는지는 확실하지 않다. 고전 작품들을 정기적으로 재공연하는 경우에는 고전기인 기원전 5세기 극장 형태가 훨씬 더 적당하다고 할 수 있다. 그러나 헬레니즘 시대에는 고전기 극장과는 달리 스케네 건물 아래에 오케스트라 방향으로 돌출된 건축물 프로스케니온(*Proskénion*, 그림 11)이 세워졌다. 프로스케니온 전면에는 기둥들이 세워졌고, 배우들은 3m에서 4m 정도 높이의 프로스케니온 지붕 위에서 연기를 했다. 프로스케니온 양 옆 가장자리를 통해 위로 올라갈 수도 있었다.

그러나 나무로 제작된 계단이 사용된 흔적도 발견된다. 목재 계단은 극장에 고정된 것이 아니라 스케네와 오케스트라를 연결하기 위해 쉽게 설치하고 제거할 수 있었다. 코러스가 중요한 역할을 하는 기원전 5세기의 작품을 재공연할 때는 아마도 프로스케니온 앞에 있는 오케스트라에서 코러스와 배우들이 함께 연기를 했을 것이다. 그리고 코러스가─현대의 고대 그리스 연극 공연과 비슷하게─수적으로 축소되었을 것이다. 신희극은 코러스를 더 이상 사용하지 않았기 때문에 오케스트라가 필요하지 않았다.

스케네에는 3개에서 5개까지 문(*thyrómata*)이 설치되었다. 그리고 이 문 앞에서 배우들이 연기할 수 있었다. 기둥 사이에는 목재로 제작된 액자(*pínakes*)를 설치한 다음, 이곳에 무대 공간을 암시하는 배경화를 걸었다. 이 그림들은 각 작품마다 성격에 맞는 그림을 따로 제작한 것이 아니라 비극, 희극, 사튀로스 극 등 세 가지 유형의 작품들에 맞게 표준화된 그림들이었다.

4. 관객

관객들은 수적으로 많을 뿐만 아니라 매우 다양했다. 어떤 특정한 그룹의 사람들이 공연을 관람하는 것을 금지하는 규정이 있었는지 현재까지 알려진 바가 없다. 남성 시민들 이외에도 시민들의 아들, 하인까지 공연에 참석했고, 또 폴리스에 거주하고 있는 외국인 메토이코스(*Metöke*) 역시 공연을 관람할 수 있었다. 그리고 해상 동맹에 속해 있는 나라들에서 사절단을 보냈다. 대도시 디오니소스 축제의 중요성이 갈수록 커지면서 그리스 전 지역에서 수많은 손님들이 축제를 보기 위해 아테네로 여행했다. 여성들 역시 공연을 관람할 수 있었는지, 그리고 어떤 특정한 법이나 관습을 통해 여성들의 극장

출입이 제한적이었는지에 대해서는 아직 일치된 견해가 없다. 현재 전해지는 문학 작품들에서 유추해 낼 수 있는 근거로는 정확한 판단을 하기 어렵기 때문이다. 예를 들어 아이스킬로스의 〈자비로운 여신들〉에서 코러스로 나온 복수의 여신들이 처음 무대에 등장했을 때 너무나 끔찍한 외모 때문에 객석에 앉아있던 임신한 여성이 유산을 했다는 이야기가 전해져 내려온다. 이러한 이야기에 근거해서 여성도 공연을 관람할 수 있었다는 주장을 하지만, 이 이야기를 액면 그대로 신뢰하기는 힘들다. 아리스토파네스의 희극에도 이와 유사한 경우가 많이 나오지만, 사실 관계를 파악하는 것은 어렵다. 기원전 4세기에 들어 플라톤과 아리스토텔레스는 여성도 당연히 공연을 볼 수 있었다고 말한다. 하지만 기원전 4세기에 어떤 이유에서 이러한 변화가 생겼는지 우리가 알 수는 없다. 여성이 공연에 참관할 수 있었다고 주장하는 입장에서 가장 중요한 근거는 공연이 치러지는 축제가 디오니소스 신을 숭배하는 것이고, 또 여성이 바로 디오니소스 숭배에서 가장 중요한 역할을 담당하고 있었다는 점이다. 아테네에서 여성들이 어떤 위치를 점하고 있었는지에 대해서는 매우 단편적인 자료들만 전해져 내려온다. 대부분의 자료들에 따르면 여성들은 정치적 권리와 의무로부터 완전히 소외되어 있었다. 그리고 사적인 생활에서도 공간적으로나 이념적으로 매우 제한적인 삶을 살 수밖에 없었다. 결국 여성들은 가정 내에서 집안일을 하는 사람과 아이를 키우는 어머니라는 역할에만 한정되었다. 가장 중요한 예외가 바로 제의였다. 제의와 제식에서 여성들은 중요한 역할을 했다. 지금까지 어떠한 문서나 자료에서도 여성들의 제의 참여를 제한하는 내용은 발견되지 않았다. 여성들은 축제가 시작하는 날 있었던 퍼레이드, 희생 제물을 바치는 행사, 디튀람보스 경연에도 참여할 수 있었던 것으로 보인다. 그렇다면 여성들이 축제에서 가장 중요한 비극과 희극 경연에 참여할 수 없다고 하는 것은 설득력이 없다. 왜냐하면 퍼레이드, 희생제의, 디튀람보스 등과 마찬가지로 연극 경연 역시 신에 대한 경의를 표하는 행사였기 때문이다. 여성들이 연극경연대회에 참여할 수 있었다고 해서 모든 여성들에게 이러한 권리가 주어졌던 것은 또 아니다. 무엇보다 고급 창녀(*Hetäre*)와 여자 노예들, 그리고 나이가 든 여성들만이 공연을 볼 수 있었을 것이다. 성인이 되지 못한 여자들과 결혼한 지 얼마 되지 않은 여자들은 외부세계 남성들과의 접촉이 엄격히 금지되었기 때문이다. 결국 작가들은 남성 위주의 관객들을 염두에 두고 작품을 쓴 것이 확실해 보인다.

오늘날과는 다르게 고대 그리스 극장에서는 입장료가 곧 좌석의 질을 결정하는 것이 아니었다. 그리고 누구나 완전히 자유롭게 자리를 선택할 수 있었던 것도 아니었다. 기원전 5세기에는 이미 첫 번째 열은 건축적으로 관객석의 다른 좌석과 엄격하게 분리되었다. 대리석으로 만들어졌던 첫 번째 열에 추가적으로 의자를 설치했는지는 확실하지 않다. 후대에 들어서는 첫 번째 열에 의자를 따로 설치한 것이 확실하다. 첫 번째 열에는 디오니소스 신의 사제가 신의 대변인 자격으로 한 가운데 앉았다. 그리고 다른 신들의 사제들과 폴리스에서 고위 직책을 가진 사람들이 앉았다. 9명의 집정관과 10명의 군사령관들, 그리고 기타 행정 관료들이 첫 번째 열에 자리를 잡았다. 프로헤드리(*Prohedríe*)라고 불렸던 '객석 앞쪽에 앉을 권리(das Recht-des-vorne-Sitzens)'는 아테네에 정착한 외국인 메토이코스와 이방인들에게도 주어졌다. 이들은 특히 폴리스를 위해 특정한 공로를 인정받은 사람들이 대부분이었다. 그 밖에 앞자리에는 민회

(*Boule*) 소속의 평의원(*Bouléuten*) 500명, 18세와 21세 사이의 젊은 남자들인 에페보스(*Ephében*)들이 앉았다. 에페보스는 병역의 의무를 이행했던 사람들이다. 그 다음에는 일반 시민들이 자리를 잡았다. 시민들은 자기가 거주하고 있는 10개의 지역구 구분에 따라 분리된 좌석에 자리를 잡았다. 아테네를 10개의 지역구로 구분하는 개혁은 기원전 6세기 말 클레이스테네스의 시대에 이루어졌다. 자신의 지역구에 따라 구분된 좌석에 앉는 것은 기원전 4세기 석조 극장에서 이미 확인이 된 규칙이다. 하지만 이러한 규칙이 백 년 전 기원전 5세기에도 유효한 규칙이었는지는 확인되지 않았다. 그 다음에는 메토이코스와 외국인, 노예들이 자리를 잡았다. 그리고 자기 남편을 따라 극장으로 들어온 여자들이 극장 뒤쪽 열에 자리를 잡았다는 주장이 있지만, 확실한 것은 아니다.

초대 받은 손님들은 오늘날과 마찬가지로 무료로 입장할 수 있었다. 기타 일반적인 관객들은 기원전 5세기에 이미 입장료 2 오볼렌(*Obólen*)을 지불해야만 했다고 알려져 있다. 이 입장료는 하루 동안 공연을 관람할 수 있는 비용이었다. 이 액수는 상대적으로 높은 금액이었다. 예를 들어 기원전 5세기에 파르테논 신전을 짓는데 일했던 노동자는 일당으로 1 드라크메(*Dráchmé*)를 받았는데, 이것은 6 오볼론에 해당한다. 3일 동안 열리는 비극 경연대회에 참석하기 위해 시민들은 하루치 일당에 해당하는 금액을 지불해야만 했다. 그리고 공연을 보는 동안에는 일을 하지 못한다는 사실을 감안하면 이틀치 일당을 지불하는 것이나 마찬가지라고 할 수 있다. 플루타르크(『페리클레스』, 9, 2)나 기타 다른 후대의 자료들에 의하면 페리클레스가 이미 연극기금을 마련한 다음 입장료가 필요한 모든 시민들에게 테오리콘(*Theōrikón*)이라는 이름으로 입장료 지원을 해 주었다고 한다. 테오리콘이 기원전 4세기에 존재했던 것은 이미 확실하게 입증이 되었지만, 기원전 5세기에도 이런 혜택이 존재했는지에 대해서는 학계에 아직 상반된 견해가 존재한다.

스케네 건물을 나무로 만들고 또 해체하는 작업, 테아트론에 벤치와 관객석을 설치하는 작업, 입장권을 팔고 또 관객을 통제하는 일 그리고 극장 내에 질서를 유지하는 일 등에는 매우 잘 조직된 단체의 도움이 꼭 필요했다. 기원전 4세기 피레우스 항구 인근에 있던 아테네 디오니소스 극장의 경우 이러한 일을 가장 많은 금액을 제시한 사람에게 위임했다. 기원전 5세기의 디오니소스 극장에서도 동일한 과정으로 처리되었는지에 대해서는 우리가 알고 있는 바가 없다.

공연의 스타일이나 템포에 대해서 우리가 정확하게 알고 있는 바가 없기 때문에 대도시 디오니소스 축제에서 경연작들의 공연시간이 어떻게 되었는지 오늘날 대략적인 추산만 가능하다. 고대 그리스 비극과 희극은 후대의 비극에 비해 상대적으로 길이가 짧다. 아이스킬로스의 3부작 〈오레스테스〉의 경우 모든 행을 다 합산할 경우 셰익스피어의 〈햄릿〉이나 괴테의 〈파우스트 1부〉보다 그 양이 적다. 그리고 다른 두 명의 비극작가들의 작품들 역시 양적으로 특별히 더 길지는 않다. 사튀로스 극의 경우 비극에 비해 매우 짧았다. 4부작의 공연에는 약 5시간에서 6시간까지 필요했을 것이다. 5개의 희극 작품이 공연되었던 희극 경연에서는 하루 종일 다섯 개의 작품들이 모두 공연되었다. 그리고 비극 공연은 아침 몇 시에 시작했는지, 4부작 비극의 공연 사이사이나 희극 작품들 사이사이에 인터미션이 있었는지에 대해서 정확하게 알려진 바는 없다.

확실한 것은 몇 시간동안 계속되는 공연의 경우 관객들에게 육체적으로나 정신적으로 매우 큰 희생을 요구한다는 점이다. 특히 하루 종일 앉아서 공연을 모두 보는 관객에게 연극 관람은 매우 힘든 일이었다. 오늘날 야외공연에서와 마찬가지로 관객들은 먹고 마실 것을 지참하거나 아니면 극장 내 상인에게 구입할 수 있었다. 그리고 아리스토파네스의 희극에는 배우들이 말린 과일과 달콤한 먹거리를 관객석 속으로 던진다는 에피소드가 나온다. 우리가 데모스테네스의 증언을 믿는다면, 관객들은 마음에 들지 않는 배우를 향해 마찬가지로 무언가를 던지는 일도 있었다.

기원전 4세기 연극 관객들이 어떠했는지에 대해서는 많은 자료들이 남아 있다. 아테네의 관객들은 열정적으로 공연을 관람한 것으로 보인다. 소리를 지르고, 휘파람을 불고, 야유를 보내고, 혀를 차기도 하고 또 나무 의자를 두드리면서 소음을 내기도 했다. 공연을 시작하기 전이나 공연이 끝난 후에도 관객들의 격렬한 반응 때문에 질서를 유지하는 일을 했던 사람들이 진정시켰던 일도 있었다. 관객들의 반응은 심사위원들에게도 분명히 영향을 끼쳤을 것이다. 박수부대를 동원해서 평가를 조작하는 것은 로마시대에는 있었던 것이 확실하지만, 고대 그리스에서도 이러한 행태가 있었는지는 확인되지 않았다.

기원전 5세기 아테네의 관객들은 매우 시끄럽고 생기가 넘쳤다. 그리고 공연을 감상할 때 매우 탁월한 심미안을 가졌던 것으로 생각된다. 아리스토파네스의 〈개구리〉에서 코러스는 누가 더 나은 비극 작가인지 싸우고 있는 등장인물 아이스킬로스와 에우리피데스에게 뛰어난 지적 능력을 가진 관객이 앞에 있으니 염려하지 말라는 말을 한다(1,109~1,118행). 그러나 아리스토파네스의 코러스가 언급한 관객들의 지적능력은 사실 독서를 통해서가 아니라 연극 경험을 통해서 쌓은 것이었다. 아테네에서 매년 열렸던 두 번의 연극 축제에서는 적어도 13개의 새로운 비극 작품들과 3개의 사튀로스 극, 10개의 새로운 희극작품들이 공연되었다. (매년 초봄에 시골에서 개최되는 작은 규모의 디오니소스 축제에서 공연되는 연극은 이 통계에 포함되지 않았다.) 그래서 객석에 앉아 있는 대부분의 관객들은 이 작품들을 실제로 보았을 것이다. 중년의 나이가 된 관객들은 그래서 약 500개의 작품을 관람했을 것으로 우리는 추측할 수 있다.

관객들이 고전 비극에 대해 풍부한 지식을 소유할 수 있었던 것은 공연을 많이 보았다거나 또는 뛰어난 시청각적 기억력을 소유하고 있었기 때문만은 아니다. 오히려 이것은 적지 않은 관객들이 공연에 실제로 참여했기 때문에 가능한 일이다. 대도시 디오니소스 축제의 경우 디튀람보스 경연까지 포함한다고 했을 때 약 1,200명의 시민들이 코러스로 참여했다. 그리고 아테네에서 열렸던 다른 축제들까지 포함하면 모두 5,000명의 시민들이 연극적 공연에 참여했다. 거기에다가 의상, 가면, 소품 등을 제작하는 사람들이나 기타 협력자들까지 포함한다면 그 수치는 더 올라갈 것이다. 그리고 기원전 5세기에는 매년 스케네 건물을 새로 지어야 했고, 또 무대에 배경그림까지 추가했기 때문에 매우 많은 시민들이 공연에 직접 참여했다. 남성 시민들이 약 3만 명 정도였다는 사실을 기억한다면 많은 관객들은 한번이 아니라 수차례 공연에 직접 참여했을 것이다. 그래서 아리스토파네스가 관객들을 "베테랑"(〈개구리〉, 1,113행)이라고 표현하는 것도 전혀 무리가 아니다. 이렇게 뛰어난 관객들이 없었다면 기원전 5세기 시대를 초월하는 훌륭한 극작품들의 탄생은 불가능했을 것이다.

5. 연극제작자

a) 극작가

연극이 상연되었던 레나이아와 대도시 디오니소스 축제에는 최소한 15명(총 26 작품)의 작가들이 필요했다(24~29쪽 참고). 연극 경연대회에 참여하려는 작가는 해당 관청에 접수를 해야 했고, 고위 공무원이 경연대회에 참여할 작가를 선발했다는 점을 고려한다면, 오늘날 작품이 전해지고 있는 4명의 작가들 이외에도 훨씬 더 많은 수의 작가들이 창작활동을 했다는 것을 짐작할 수 있다. 작품이 전해지는 4명 이외의 작가들은 오늘날 이름만 전해져 오거나 아니면 작품의 일부분만 전해져 온다. 작가들 사이에 존재했을 높은 경쟁은 아마도 기원전 5세기가 드라마와 연극의 황금기가 될 수 있었던 원인일 것이다.

기원전 5세기에는 대부분의 작가들이 아테네 또는 아티카 지방 출신이었다. 연극제도가 대중화되고 또 국제화되면서 기원전 4세기와 3세기에는 그리스 전역에서 온 작가들이 자신의 작품을 아테네 디오니소스 극장에서 공연했다.

경연대회에 참여할 작가를 선발하는 작업은 아테네의 달력에 따르면 매년 7월 초순에 진행되었다. 공연 연습은 경연대회 출품이 결정되자마자 시작되었고, 약 6개월에서 9개월 동안 계속되었다. 그래서 연극 공연은 겨울(시골 디오니소스 축제와 레나이아 축제) 또는 봄(대도시 디오니소스 축제)에 올라갔다.

처음에는 공연과 관련된 모든 책임은 작가가 지고 있었다. 작가는 희곡을 썼을 뿐만 아니라 음악을 작곡했고 코러스의 안무와 훈련까지 말았다. 다시 말해서, 작가는 일종의 연출 역할을 했고, 또 배우로 직접 무대에 서기도 했다. 시간이 지나면서 연극 내에서 진행되는 일들이 세분화, 전문화되기 시작했다. 그러나 매우 특별한 형태의 전문화는 연극이 시작되던 때부터 있었다. 작가들은 비극이나 희극 두 개의 장르 중에서 단 하나의 장르에만 국한된 작품을 썼다. 플라톤의 『향연』 후반부에서 소크라테스는 자신의 대화상대자인 비극작가 아가톤과 희극작가 아리스토파네스에게 작가는 모름지기 비극과 희극을 동시에 쓸 수 있어야 한다고 말한다(223d). 그러나 우리가 확인할 수 있는 것처럼 어떠한 작가도 이러한 요구를 받아들이지 않았다. 로마시대에 들어서야 한 작가가 비극과 희극을 동시에 썼던 예가 전해진다.

그리고 고대 그리스의 작가들은 작품의 생산성 면에서도 매우 뛰어났다. 오늘날 전해지는 기록을 통해 검증해 보았을 때 세 명의 비극작가들(역자 주: 아이스킬로스, 소포클레스, 에우리피데스)은 2년에 한번 꼴로 경연에 참여했다. 다시 말해서 비극작가들은 매년 평균적으로 두 편의 작품을 썼다는 말이 된다.[6] 아리스토파네스 역시 매년 적어도 한 편의 작품을 썼다. 기원전 4세기의 작가들은 훨씬 더 많은 수의 작품을 쓴 기록도 있다.

b) 배우

코러스의 춤이 문학적인 드라마로 발전하는 과정에서 코러스의 일원 중 한 명이 앞으로 나와서 선창하는 사람(*exárchōn*)의 역할을

---

6 고대 그리스 비극은 3부작 비극과 1편의 사튀로스 극으로 구성되어 있었다.

했다는 것이 중요하다. 코러스에서 분리되어 나온 이 선창자가 바로 배우의 역할을 한 것이나 다름이 없다. 고대 그리스 비극의 역사에서 배우의 탄생은 테스피스라는 이름과 연관되어 있다. 최초의 배우 테스피스는 프롤로그(극중 사건의 배경을 설명)를 처음 만든 것으로 알려져 있다. 그리고 코러스 앞에서 혼자 독백을 했는데, 이 독백은 사자(使者)의 보고를 전달하거나 극중 사건에 대한 배우의 개인적인 반응 등을 표현했다. 프롤로그와 독백을 통해 코러스 중심의 초기 드라마적 퍼포먼스(prädramatische chorische Performances)는 문학적인 드라마로 발전할 수 있었다. 배우를 지칭하는 표현은 다양하게 해석된다. 배우를 가리키는 히포크리테스(*Hypokrités*)라는 명칭은 "질문에 대답하는 사람, 확답을 주는 사람"으로 해석할 수도 있고, "해석해주는 사람, 설명해주는 사람" 등으로도 해석할 수 있다. 두 개의 의미는 배우가 가지고 있었던 기능에 모두 어울리기 때문에 둘 중에 어떤 것이 더 적합한 해석이라고 주장할 수는 없다. 아리스토텔레스에 의하면, 아이스킬로스가 두 번째 배우를 도입했고, 소포클레스가 마지막으로 세 번째 배우를 도입했다(『시학』, 1449a:16~19).

비극의 경우에는 동시에 무대에 설 수 있는 배우 숫자가 최대 세 명에 불과했다. 추가적으로 대사가 없는 엑스트라나 아주 짧은 대사를 해야 하는 단역 같은 경우에는 국가가 비용을 지불하지 않았고, 코레게가 비용을 부담해야 했다. 희극의 경우에는 세 명의 배우만 무대에 선다는 규칙을 그렇게 엄격하게 적용하지는 않았다. 아리스토파네스의 희극에서는 단 한 명의 주인공 배우 또는 두 명의 추가적인 배우만으로도 공연될 수 있었다. 물론 추가적으로 필요한 배우 두 명은 극중에서 큰 비중을 가진 역할은 아니다. 비극과 희극이 왜 이렇게 중요한 문제에 있어서 차이가 있었는지에 대해서는 아직까지 설명이 된 바가 없다. 메난드로스의 신희극에서는 세 명의 배우만 등장한다는 규칙이 비극과 동일하게 적용되었다.

작가들이 사용할 수 있는 배우의 숫자가 한정되어 있었다는 사실은 몇 가지 중요한 파급효과를 불러 일으켰다. 한 작품의 공연에 필요한 등장인물의 숫자가 항상 세 명 이상이었기 때문에 적어도 두 명 이상의 배우들은 언제나 여러 역할을 수행해야만 했다. 한 작품 내에서 어떤 배우가 어떤 역할을 맡아야만 했는지 알아보기 위해 인물들의 등퇴장을 검토해 보면, 우리는 두 명의 배우가 하나의 역할을 나누어서 연기하기도 했다는 사실을 관찰할 수 있다. 소포클레스의 〈콜로노스의 오이디푸스〉에서 테세우스 역할은 세 명의 배우들이 나누어서 했다. 세 명의 배우-규칙(Dreischauspielergesetz)은 나아가서 셰익스피어나 체홉, 입센 등의 작품들과는 다르게 무대 위에 항상 세 명 이상의 인물이 존재할 수 없다는 사실을 암시한다. 이를 통해 드라마의 테크닉 역시 많은 영향을 받았다.

배우의 숫자를 제한하는 것은 연극공연이 경연이라는 틀 안에서 이루어졌기 때문이었다. 이 규칙은 모든 작가들에게 동일하게 적용되었다. 왜 이렇게 적은 수의 배우들만 무대 위에 등장했는지에 대해서는 고대 그리스 시대의 사람들이 그 이유에 대해 설명해 놓은 바가 전해지지 않기 때문에 오늘날 추측만 가능하다. 아마도 가장 개연성이 있는 설명은 가면을 쓴 배우가 말을 하는 경우, 배우 수가 너무 많으면 누가 말을 하고 있는지 정확하게 파악하는 것이 힘들어지기 때문이다. 게다가 고대 극장의 크기를 감안하면 이러한 설명은 설득력이 있다. 그리고 희곡을 살펴보면 세 사람이 무대 위에 있다고 하더라도 두 사람 사이의 연속적인 대화만이 존재하는 경우가 많다. 엄격한 규칙에 따라 대화가 이루어지는 '치고받는 대화(Stichomythie)'

가 그리스 연극에서 발달한 사실 역시 관객들이 누가 말하는지 쉽게 따라갈 수 있기 때문이다. 치고받는 대화에서는 가면을 쓴 배우들이 한 두 줄 정도의 분량으로 된 대사를 빠르게 교환한다.

배우의 수 이외에 고대 그리스 연극이 현대의 서양 연극과 다른 점은 그 밖에도 두 가지가 더 있다. 첫째, 모든 배우는 남자들이었다. 고대 그리스 연극에 나오는 유명한 여성 캐릭터들인 클뤼타이메스트라, 안티고네, 메데아 등은 모두 남성들이 연기했다는 사실을 기억해야 한다. 기원전 4세기가 되면 여성 역할을 전문으로 하는 남자 배우가 존재하기도 했다. 둘째, 배우들은 오랫동안 비극이나 희극 둘 중에 하나의 장르에만 출연할 수 있었다. 기원전 4세기 헬레니즘 시대에 들어서야 비극과 희극에 동시에 출연하는 배우들의 이름이 간간히 발견된다. 코러스와 관련해서는 이러한 엄격한 구분은─특히 기원전 4세기에는─적용되지 않았다(아리스토텔레스, 『정치학』, 1276b:4~6).

초창기에는 작가들 역시 배우로 무대에 섰다. 소포클레스는 목소리에 힘이 없기 때문에 배우 활동을 그만두었다는 이야기가 전해져 내려온다. 이 에피소드를 통해 우리가 유추할 수 있는 것은 작가와 배우의 기능이 서서히 분리되기 시작했다는 사실이다. 그리고 작가가 하는 일과 배우가 하는 일이 분리되면서 전문화되기 시작했다는 점이다. 배우들만을 위한 연기 경연이 기원전 449년에 시작되면서 이러한 경향은 강화되었다. 소규모의 극단 역시 만들어지기 시작했다. 이들은 한 명의 극단장에 의해 이끌어졌고, 아테네 이외의 지방에서 열리는 디오니소스 축제에 참여했다. 극단 내의 조직은 위계질서에 따라 엄격하게 이루어져 있었다. 극단의 책임자와 그룹 내 스타는 '제1배우(Protagonist)'라고 불렸다. 그를 돕는 다른 배우들은

'제2배우(Deuteragonist)' 또는 '제3배우(Tritagonist)'라고 불렸다. 배우들의 연기를 평가하는 경연에 참여하는 것은 첫 번째 배우에게만 허용되었다. 그리고 우승을 할 경우 상금을 받을 수 있었고, 연기 경연에서 우승한 배우를 기록한 문서에는 제1배우의 이름만 적혀 있다. 극단에는 3명의 배우 이외에 가족 구성원들 역시 포함되었다. 그리고 도제 역할을 하는 사람도 있었다. 이들은 공연이 진행되는 것을 돕거나 단역을 맡아 무대에 서기도 했다.

　작가들은 먼저 자기 작품을 위해 배우들을 직접 선택했다. 오늘날 우리가 이름을 알고 있는 초기의 배우들은 오랜 시간동안 아이스킬로스, 소포클레스 등과 함께 일을 했다. 작품의 성공을 위해 배우의 중요성이 점점 커지고 또 반대로 배우의 성공을 위해 작품의 중요성이 점점 커지게 되면서 배우들은 각 작가들에게 추첨을 통해 배분되었다. 게다가 기원전 4세기에는 비극 경연대회에 참여하는 세 명의 제1배우들이 모든 작가들의 작품에 한 번씩 등장해야 한다는 규칙까지 생겼다. 이 규칙은 모든 작가들에게 동등한 기회를 주어야 한다는 원칙이 반영된 것이다. 그래서 스타 배우들은 3일 동안 세 비극작가의 3부작 비극 중에 한 개의 작품에 출연했다. 기원전 5세기에 제1배우가 하루 종일 한 작가의 3부작 작품 모두에서 주역을 맡아 힘들게 연기를 했다면, 기원전 4세기에는 하루에 한 작품만 출연해서 부담을 덜게 된 것이다.

　기원전 5세기 중엽에 연기 경연을 도입한 것은 연극배우가 점점 대중화 되었다는 것을 증명한다. 기원전 4세기 연극제도가 대중화되고 전문화되면서 배우의 대중화는 더욱 강화된다. 아리스토텔레스는 『수사학』에서 배우들이 지금(기원전 330년경) 작가들보다 더 중요한 존재가 되었다고 말했다(1403b:31~35). 이 시대 스타 배우들의 이름은 무덤 묘비명 등을 통해 우리에게 잘 알려져 있다. 이들은 엄청난 액수의 대가를 받고 연기를 했고, 또 시민권을 수여받기도 했다. 디오니소스의 사제들인 배우들은 참전 의무로부터 해방되었고, 면책특권을 누리기도 했다. 전시나 적들과 긴장관계가 심화되었을 때도 누구의 방해도 받지 않고 여러 지역을 여행할 수 있었다. 그리고 정치적 지도자들에 의해 사자나 대사로 임명되기도 했다. 우리에게 잘 알려진 이야기로는 고대 그리스 마케도니아 왕국의 왕 필리포스 5세(Philipp von Makedonien)가 아테네와 분쟁 중에 유명한 연극배우를 대사로 보내서 자신의 입장을 설명하게 했다는 것이다.

당연히 스타배우가 포함된 극단이 있었다면, 반대로 절반의 성공도 거두지 못하는 극단 역시 존재했다. 알렉산더 대제 이후 그리스 문화의 지배를 받는 도시가 크게 늘어났고, 극장의 수와 연극공연이 늘어나면서 다양한 축제와 경연대회에 참여하는 연극인들이 뭉쳐서 하나의 길드를 형성했다. 길드를 통해 연극인들은 자신들의 관심사를 보다 더 쉽게 대변할 수 있다고 생각했다. 오늘날 노조와 비슷한 형태로 구성되었던 길드의 구성원들은 스스로를 "디오니소스의 예술가들 (*Dionýsou technítai*)"이라고 불렀다. 이 조직은 기원후 3세기에 사라지기 전까지 많은 연극인들의 권리를 보장해 주었다. 그래서 예술가 회원들은 세금을 내야하는 의무로부터 해방되었고, 면책특권을 가질 수 있었다. 나아가서 이러한 길드를 통해 연극제도는 지속성을 유지할 수 있었고, 또 질적으로 높은 수준의 공연을 계속 할 수 있었다.

c) 코러스

연극 속에 등장하는 코러스는 언제나 동일한 규모를 가졌던 것은 아니다. 비극과 사튀로스 극에서 코러스는 우선 12명으로 구성되었다가 나중에 15명으로 확장되었다. 소포클레스가 코러스 숫자를 늘렸다는 이야기가 전해지지만, 왜 그렇게 했는지에 대해서는 설명이 없다. 소포클레스의 작품 속에서 코러스가 차지하는 비중은 아이스킬로스나 다른 초기 비극작가들의 작품에 비해서 전체적으로 적었다. 그리고 소포클레스가 고대 그리스에서 다른 작가들에 비해서 특별히 뛰어난 코러스 안무가였던 것도 아니다. 아마도 테아트론이 점점 커지면서 코러스 구성원의 숫자도 늘어난 것은 아닐까? 희극 공연에서 코러스는 총 24명으로 되어 있었고, 비극에 비해 상대적으로 그 숫자가 많았다. 왜 비극과 희극 공연에서 코러스 숫자에 차이가 나는지에 대해서는 고대에서부터 지금까지 적절한 설명은 없다.

때때로 한 작품 내에서 세컨드 코러스를 사용하는 경우가 있기도 했다. 세컨드 코러스는 중심이 되는 퍼스트 코러스에 비해 외적 규모 면에서 작았다. 예를 들어 힙폴뤼토스가 프롤로그에서 처음 등장할 때 세컨드 코러스인 친구들과 함께 등장한다. 이들은 아르테미스 신에게 바치는 노래를 함께 부른다(에우리피데스, 〈힙폴뤼토스〉, 58~71행). 아리스토파네스의 〈개구리〉에서 디오니소스 신이 아케론 강을 건너 하데스로 갈 때 "브레케케켁스"라고 노래하면서 그를 배웅해 주는 개구리 코러스 역시 세컨드 코러스이다(209~269행).

공연에서 코러스를 고용하는데 드는 비용은 코레게가 전담했다. 경우에 따라 세컨드 코러스가 필요할 경우에도 코레게가 책임을 졌다(31쪽 참조). 이 밖에도 코레게는 가수들과 댄서들을 모집하는 일도 했다. 이때 그는 시민들에게 연극 공연에 참여하도록 강요를 할 수도 있었다. 코러스가 되어 춤을 추는 것은 모든 시민들이 즐겨 수행하는 의무는 아니었지만, 오로지 시민계급만 참여할 수 있는 독점적인 권리이기도 했다. 코러스에 참여하는 것은 적어도 대도시 디오니소스 축제의 경우 아테네인 아버지와 아테네인 어머니를 둔 아테네 시민만 참여할 수 있었다. 기원전 4세기에 연극이 전문화되었음에도 불구하고 이 규칙은 오랫동안 유효했다. 코레게는 다른 경연 참가자의 작품에 등장하는 코러스 구성원들도 점검한 다음, 신분 규정에 따라 적합하지 않은 참가자가 있으면 경연 당일이라도 참여 제한을 요구할 수 있었다.

오늘날 전해지고 있는 항아리 그림들을 보면 코러스는 젊고 턱수염이 없는 청년들로 이루어져 있다. 항아리 그림을 증거로 해서 코러스가 아테네에서 군복무를 하던 18세에서 21세 사이의 에페보스들로 이루어져 있었다는 주장을 하는 것은 설득력이 없다. 하지만 적어도 코러스가 젊은이들로 이루어져 있다는 것은 사실이다. 플라톤은『법률』에서 늙은 사람들은 춤을 추기에는 더 이상 적당하지 않다고 주장한다(657d). 오늘날 우리가 코러스의 안무에 대해서 아는 바가 전혀 없다고 하더라도 하루 종일 4작품에 연속 출연해서 노래하고 춤을 추어야 하는 비극의 코러스는 특히 육체적인 면이나 집중력, 기억력 등에서 뛰어난 능력을 요구했다.

초창기에 코러스의 연습을 담당한 사람은 작가 자신이었다. 프뤼니코스(Phrynichos, 기원전 640년~기원전 576년)와 아이스킬로스는 매우 뛰어난 안무가였던 것 같다. 후에는 코러스 훈련을 전담하는 사람이 따로 있었다. 그러나 코러스가 배우와 함께 연습을 했는지, 그리고 얼마나 오랫동안 연습을 했는지에 대해 정확하게 알려진 바는 없다.

코러스의 연습은 오랜 시간이 필요했고 또 힘든 일이기도 했다. 15명 또는 24명의 코러스는 합창하고 낭송을 했다. 언어적으로나 내용적으로 매우 복잡한 코러스의 노래들을 관객들이 쉽게 이해할 수 있도록 낭송하는 것은 매우 힘든 일이었다. 게다가 코러스는 춤까지 추어야 했기 때문에 그 어려움은 배가되었을 것이다.

배우의 숫자가 늘어나고 또 배우의 연기가 지니는 의미가 커지면서 코러스의 역할 역시 점점 줄어들었다. 양적으로 보았을 때 전체 작품에서 코러스의 비중은 축소되었다. 아이스킬로스의 비극에서는 코러스가 전체 시행에서 약 40%에서 50%까지 비중을 차지했다면 에우리피데스의 〈오레스테스〉나 소포클레스의 〈필록테테스〉에서는 코러스가 약 10% 비중을 차지했다. 예외적인 작품들이라고 할 수 있는 에우리피데스의 〈박코스 여신도들〉(약 27%) 또는 소포클레스의 〈콜로노스의 오이디푸스〉(22%)도 전반적인 경향 자체를 바꿀 수는 없었다. 그리고 이러한 경향은 희극에서도 마찬가지였다. 기원전 5세기에 창작되었던 아리스토파네스의 작품들에서는 코러스가 약 20%에서 25% 정도의 비중을 차지했다면, 기원전 4세기에 창작된 그의 마지막 두 작품들에서는 코러스의 비중이 약 10%도 채 되질 않는다. 코러스의 시행이 줄어들었다고 해서 비극 전체에서 노래하는 부분이 줄어든 것은 아니다. 원래 배우들은 코러스와 '서로 주고 받는 노래(Amoibaia)'에서만 노래를 했지만, 기원전 5세기 후반에는 점점 더 자주 배우들만 참여하는 아리아(독창가)와 듀엣(96~99쪽 참고)을 부른다. 그리고 배우들이 노래를 하면서 춤을 춘 경우도 있었다.

코러스의 비중이 줄어들면서 전체 극에서 코러스가 등장인물로서 차지했던 중요도 역시 줄어들었다. 아이스킬로스의 작품에서 코러스는 주인공이거나 또는 극중 사건에 직접적으로 영향을 받는 사람들로 나온다. 그래서 적극적으로 극중 사건에 개입한다. 그러나 후기로 갈수록 코러스는 주인공이 아니라 극중 사건에 대한 관찰자나 해설자로만 등장한다. 코러스의 이러한 변화는 아이스킬로스와 에우리피데스의 작품 사이에 중요한 차이를 만들어냈다. 아리스토텔레스는 『시학』에서 소포클레스가 코러스를 배우처럼 다루었지만, 에우리피데스는 그렇지 않다고 말한다(1456a:25~27). 전체적으로 보았을 때 에우리피데스에게서 처음 시작되었던 경향은 이후 계속되었다. 아리스토텔레스는 계속해서 에우리피데스 이후의 비극에서는 코러스의 노래가 다른 작품에도 그대로 사용될 수 있는 "막간가(embólima)"가 되었다고 말한다. 그리고 아가톤(Agathon)이 처음으로 막간가를 사용했다고 언급한다(1456a:29f).[7] 기원전 4세기에도 코러스가 포함된 작품을 썼고 또 공연되었다는 기록들이 산발적으로 전해지고 있기는 하다. 하지만 코러스가 차지하는 비중이나 극중 역할에 대한 평가는 희곡이 전혀 전해지지 않기 때문에 판단할 수는 없다. 단지 우리는 기원전 4세기 비극에서는 코러스의 역할이 기원전 5세기 비극처럼 컸다고 이야기하기는 아마도 힘들 것이라고 추정

---

7 아이스킬로스의 작품에서 코러스가 "더불어 고통 받는 자이면서 동시에 세계의 심장부로부터 지혜를 알리는 현자"(니체, 『비극의 탄생』, 8장)였다면, 에우리피데스의 후기 작품에서는 극중 행동과 무관한 구경꾼으로 전락한다. 예를 들어, 아이스킬로스의 〈아가멤논〉에서 코러스는 작가의 신학적 세계관을 대변하는 현자(177행)이자, 아가멤논 가문의 몰락을 막기 위해 행동하는 주인공(1348행ff.)으로 등장한다. 에우리피데스의 〈아울리스의 이피게네이아〉에서 코러스는 군대와 함대를 구경하기 위해 바다로 온 구경꾼(170행f.)이다. 그래서 코러스는 주인공의 비극적 운명과 무관한 사람으로 변한다. 아리스토텔레스의 『시학』 18장에 나오는 다음 언급을 참고할 것: "코러스도 배우의 한 사람으로 간주되지 않으면 안 된다. 코러스는 전체의 한 부분이 되어 극의 행동에 참가해야 한다. 그러나 이때 에우리피데스에게서 볼 수 있는 바와 같이 할 것이 아니라, 소포클레스에게서 볼 수 있는 바와 같이 해야 한다. 후기 시인들에 있어서는 코러스의 노래가 그 비극의 플롯과 무관하기 때문에, 마치 다른 비극의 플롯에 속하는 것 같은 인상을 준다. 코러스가 막간가를 부르게 된 것은 이 때문이며 이러한 관례는 아가톤에 의해 시작되었다고 한다."(In: 아리스토텔레스, 『시학』, 천병희 옮김, 문예출판사, 2002, 114쪽f.)

할 수 있을 뿐이다.

코러스의 역할이 점점 줄어드는 경향은 연극제도의 발달과 연관되어 있다. 아마도 작품을 공연하는 극단이 큰 규모의 코러스를 데리고 다닐 수도 없고 또 작품이 공연되는 지역에서 새로 코러스를 만든 다음 이들을 훈련시킬 여유도 없다는 사실 때문에 작가들이 코러스의 비중을 조정했을 수도 있다. 그래서 짧고 재사용 가능한 노래들을 해결책으로 사용했을 수 있고, 또 희극에서 흔히 사용했던 막간 음악을 사용했을 수도 있다. 그리고 고전 작품을 공연할 때는 현대 연극에서도 그렇듯이 코러스 파트를 줄이고 규모도 소수의 인원으로 구성했을 것이다.

6. 무대 상연

오랜 시간동안 고대 그리스 연극을 연구하던 학자들은 작품의 상연에 대해서는 연구서 말미에 간략하게 언급하는 수준에서 그쳤다. 연구자들은 전래되어 왔던 희곡을 작품 공연을 위한 '연출대본(Regiebücher)'(원래 고대 그리스 비극은 공연을 위한 텍스트이다)이 아니라 문학적 완성도가 높은 고전작품으로만 취급해 왔다. 그 원인은 아마도 아리스토텔레스가 시학에서 장경(ópsis)[8]을 예술적으로 가치가 없는 것으로 평가했기 때문이다. 1980년대부터 연구자들은 고대 그리스 연극의 공연에 관련된 문제들을 깊이 연구하기 시작했

---

8 연극의 시각적 요소를 통칭하는 말. 『시학』의 영어판 번역에서는 보통 스펙터클로 번역하고 있다.

다. 그러나 이런 측면의 연구는 간단하지가 않다. 연극 공연에 대한 이야기가 간간히 전래되어 오는 것이 없지는 않지만, 무대 상연이나 관객에게 미치는 영향 등에 대해 구체적으로 설명한 문헌은 없다. 그래서 고대 그리스 연극에서 가장 중요한 측면이라고 할 수 있는 음악, 춤, 무대미술, 연기술 등에 대해 우리가 확실하게 파악하는 것이 어렵다. 항아리 등에 그려진 그림이나 기타 고고학적인 발굴 자료들을 통해 가면, 의상, 소품 등에 대한 추측을 할 수밖에 없다. 그리고 희곡에는 작가가 극중 인물의 내면이나 행동에 대해 언급한 지문이 없다. 그러나 모든 중요한 행동들은 희곡 속에 통합되어 있기 때문에 희곡을 연출의 관점에서 다시 읽으면, 작가와 연출가들이 생각했던 행동들이 드러난다. 특히 측면 출입구로 등퇴장을 한다든가, 스케네 건물을 통해 집으로 등퇴장 한다든지 하는 점은 파악 가능하다. 그리고 플롯에서 중요한 행동이나 소품 사용 역시 희곡을 통해 파악할 수 있다.

a) 의상과 가면

고대 그리스 사람들이 실제 사용했던 의상과 가면들은 지금 현재 남아 있지 않다. 기원전 5세기 때 연극 공연 모습은 항아리 그림을 통해 유추해 볼 수 있고, 후대로 갈수록 점토로 된 그릇이나 조각품, 벽면에 그려진 부조, 그림, 모자이크화 등을 통해서도 힌트를 얻을 수 있다.

가면을 사용하지 않는 마임(*Mimus*, 161~164쪽 참고)을 제외하면 모든 종류의 연극에서 특별한 의상과 가면이 사용되었다. 이들 소품은 연극의 기원이라고 할 수 있는 제의에서부터 사용되었다. 제의뿐만 아니라 고도로 발달된 연극에서도 의상과 가면의 사용은 실용적인 장점이 있다. 배우들은 특별한 의상과 가면을 이용해 자기 자신이 아니라 다른 사람이 되는 과정을 실현할 수 있다. 필요할 경우 매우 짧은 시간 내에 한 역할에서 다른 역할로 넘어갈 수 있다. 그리고 남성배우들이 여자 역할을 연기할 때 의상과 가면으로 도움을 받기도 했다. 나아가서 대부분의 관객들은 무대로부터 멀리 떨어진 자리에 앉아 있기 때문에 배우들이 맡은 역할의 본질적인 측면들을 시각화시켜 보여주는 이러한 도구들은 연극에서 점점 중요한 요소가 되었다.

초창기 공연에 필요한 의상과 가면들은 매 공연마다 새로 제작되었다. 기원전 5세기 후반에는 공연의 횟수가 늘어났고 또 연극 내 역할들이 스테레오 타입으로 고정화되기 시작하면서, 의상과 가면들을 한번 사용한 이후 보관했고 또 재활용하기도 했다. 현재까지 문헌으로 된 증거들이 발견된 것은 아니지만, 우리는 극단(21쪽 참고)들과 가면 및 의상의 제작을 전문으로 했던 수공업자(*Skeuopoioí*,

그림 12 희극 배우들의 의상이 그려진 항아리(발췌). 기원전 400년경 제작. 러시아 상트페테르부르크 예르미타시 미술관 소장. (G. Seidensticker 스케치)

무대 장비 제작자)가 연극에 필요한 의상과 소품을 위한 컬렉션을 운용했다고 짐작할 수 있다.

　모든 연극배우들은 겉에 입는 의상 안쪽에 속옷(Trikot, 잘 늘어나고 몸에 착 붙는 옷)을 입었다. 이 속옷은 몸 전체를 덮었고, 일종의 두 번째 피부(Theaterhaut) 역할을 했다(그림 12번, 21번).

　여자 역할을 맡은 배우는 밝은 색의 속옷을 입었고, 남자 역할을 맡은 배우는 어두운 색깔의 속옷을 입었다. 가면은 얼굴 전체를 감쌌다(그림 12번, 13번). 다시 말해서, 가면은 얼굴뿐만 아니라 귀와 머리 대부분을 감쌌지만 목 부분은 그대로 노출시켰다. 가면에는 머리카락뿐만 아니라 턱수염까지 달려 있었다. 가면을 쓰기 전에는 배우들의 얼굴에 가해지는 압박을 줄이고, 가면이 얼굴에 안정적으로 부착되도록 하기 위해 펠트 모자를 착용했다(그림 12번). 가면은 밴드를 이용해서 머리에 고정시켰다(그림 14번, 15번). 그리고 이동시에도 밴드를 이용해서 가면을 들고 다녔다.

　가면의 변화과정에 대해서 우리에게 문서로 전해지는 증거들은 비극 배우의 가면에 대해서만 남아있다. 가면을 처음 사용한 것으로 알려진 테스피스는 기원전 534년의 공연 첫 번째 등장에서 백연을 이용해서 얼굴에 채색을 했고, 두 번째 등장에서 쇠비름 추출물을 이용해서 채색했다. 그리고 마지막 등장에서는 아마포에 풀을 먹여서 뻣뻣하게 만든 가면을 착용했다. 그 밖에 코르크와 나무를 사용해서 가면을 제작하기도 했다. 그리고 프뤼니코스가 처음으로 여자 가면을 사용했다고 전해지는 것을 보았을 때, 아이스킬로스 이전에 이미 프뤼니코스가 여자 배역에게 흰색 가면을 사용했을 것으로 추정된다. 아이스킬로스는 가면에 채색까지 했을 것으로 짐작된다.

그림 13 중앙에 머리 전체를 감싸는 가면이 보임. 두 명의 코러스가 의상을 걸치고 있다. 아티카 항아리. 기원전 450년경 제작. 보스턴 미술관 소장.

비극의 의상과 가면

비극의 주인공들은 일반적으로 발 바로 위까지 내려오는 옷을 입었다. 허리를 조이는 혁대는 사용하지 않았고 긴 소매가 달려 있었다. 그리고 비극 배우의 의상은 기하학적인 문양이 매우 화려하게 장식되어 있었다(그림 14a번, 14b번).

비극 배우의 의상은 아테네 관객들에게 동양적인 느낌으로 다가갔을 것이다. 이러한 의상이 어디에서 기원하는지, 그리고 언제 처음으로 사용되었는지에 대해서는 아직 일치된 견해가 없다. 그러나 비극 배우의 의상이 연극 무대에서 가져다주었던 장점은 쉽게 확인할 수 있다. 비극 배우의 화려한 의상은 배우를 일상적인 삶의 환경에서 벗어난 사람으로 표현했다. 그리고 관객에게 신화적인 세계에서 튀어 나온 영웅이라는 인상을 누구나 알 수 있을 정도로 분명하게 심어주었다. 그리고 비극 배우의 의상은 배우의 속살이 밖으로

그림 14 a) 헤라클레스, b) 야만족의 왕, 그림 a)와 b)는 20번 프로노모스 항아리 그림에서 발췌; c) 사자(使者), 기원전 340년경 이탈리아 폴리아 항아리 그림에서 발췌. 이 항아리는 런던 대영박물관 소장.

드러나지 않도록 만들어졌기 때문에 남자가 여성의 역할을 수행하는 것은 크게 문제가 되지 않았다. 또 남자 역할과 여자 역할 모두 근본적으로 동일한 스타일의 의상을 착용했기 때문에 배우가 자신의 역할을 바꾸어야만 할 때는 의상은 그대로 두고 가면만 교체했다.

연극배우들의 의상이 새겨진 항아리들은 대략 기원전 400년경에 제작되었다. 연극배우들의 의상을 처음으로 만든 것이 아이스킬로스였다고 주장하는 문학적 근거들은 모두 후대에 작성된 것이다(가장 빠른 것이 호라티우스의 『시학』(기원전 14년), 278f 이다). 그렇기 때문에 우리는 기원전 5세기 이전에 연극배우들을 위한 특별한 의상이 이미 사용되었는지에 대해서 확실하게 이야기할 수 없다. 간접적으로 우리가 확인을 할 수 있는 것은 아리스토파네스의 작품 〈개구리)(기원전 405년)를 통해서이다. 〈개구리〉에서 등장인물 아이스킬로스는 자기 연극 속 주인공들이 화려하고 장중한 분위기를 내는 의상을 입게 했다고 하고, 에우리피데스는 거지같은 옷을 입게 했다고 말한다(1059ff.).

극중 주인공들이 입었던 화려한 의상 이외에도 낮은 계급의 사람들이 입었던 일상적인 의상도 있었다. 하인들이나 유모, 사자(使者), 병사 등의 인물들이 이런 일상적인 의상을 입었다(그림 14c번). 제1 배우의 의상에 있어서 그리스인과 야만인들, 이집트인들, 프뤼기아인들(트로이인들), 트라키아(발칸 반도의 동부지방)인들, 그리고 아테네인들과 스파르타인들의 의상이 구별되었다. 그 밖에도 의상은 다양한 색깔을 통해 구분되었다. 가장 자주 사용되었던 색은 흰색, 검은색, 노란색, 보라색이었다. 그리고 무엇보다도 외투, 모자, 면사포, 월계관, 신부의 화관 등과 같은 소품으로 강조를 하기도 했다. 그 밖에도 의상은 한 장면 내에서 (예를 들어 매우 고통스러운 탄원 장면) 또는 두 장면 사이에 (피비린내 나는 행위의 흔적을 통해서) 변화를 강조하기 위해 교체되기도 했다. 교체된 의상을 통해 상황이 급변했다는 것이 암시되었다. 아이스킬로스의 〈페르시아인들〉에서 페르시아의 여왕 아톳사는 처음 등장할 때는 여왕에게 어울리는 화려한 의상을 입고 전차를 타고 등장한다. 하지만 살라미스 해전에서 페르시아의 몰락이 결정되고 난 다음 그녀는 상복을 입고 걸어서 무대로 나온다(598행f.). 에우리피데스의 〈박코스 여신도들〉에서도 디오니소스가 최종적으로 승리한다는 사실을 의상의 변화를 통해 암시한다. 젊은 왕 펜테우스는 디오니소스가 여성의 옷을 입고 다닌다는 것을 비웃지만, 후반부에서는 본인 스스로가 여성의 옷을 입고 무대에 등장한다(912~970행). 그 밖에도 의상은 극중 인물이 처한

특별한 상황을 외적으로 드러냈다. 예를 들어 소포클레스의 〈필록
테테스〉에서 주인공 필록테테스는 10년 동안 병에 걸린 채 무인도
에서 비참한 옷을 입고 생활한다. 그리고 에우리피데스의 〈엘렉트
라〉에서 주인공 엘렉트라는 가난한 농부와 결혼을 해서 시골에서
노예와 비슷한 누더기 옷을 입고 등장한다. 또한 의상을 통해 등장
인물들의 성격을 암시하기도 했다. 예를 들어 에우리피데스의 〈안
드로마케〉에 나오는 헤르미오네는 처음 등장하는 장면에서부터 화
려한 옷과 황금빛 장식 머리띠 등을 통해 허영심에 가득 찬 사람으
로 나타난다(147~153행). 에우리피데스의 〈헬레네〉에서 헬레네는
작품의 끝부분에서 메넬라오스를 유혹하기 위해 화려한 옷을 걸친
다. 소포클레스의 작품에 등장하는 두 자매들인 안티고네와 이스메
네(〈안티고네〉), 엘렉트라와 크뤼소테미스(〈엘렉트라〉)는 아마도

의상을 통해 두 사람의 성격 차
이를 드러냈을 것이다. 그래서
안티고네와 엘렉트라는 검은색의
의상을 입었고, 이스메네와 크
리소테미스는 밝은 색의 의상을
입었을 것이다.

기원전 5세기의 비극에서 사
용되었던 가면은 중성적이었다.
항아리에 새겨진 그림을 통해
살펴보았을 때 가면들은 자연스
러운 얼굴 표정을 보여준다. 가
면들은 자연스러운 표정을 보여
주기 때문에 특정한 감정이 과

그림 15 비극 가면. 아티카 토기 주전
자(Kanne) 그림에서 발췌. 기원전 470
년경 제작. 아테네 고대 아고라 박물관
소장.

장되어 표현되지는 않았다. 그래서 공포나 고통같은 비극적인 감정들이 가면에 직설적으로 드러나지는 않는다.

초기에 제작되었던 여성 가면 그림을 보면 좌우 비대칭성을 통해 생생한 표정이 나타난다(그림 15번). 하지만 연극에 실제로 사용되었던 가면에서도 이렇게 생기 넘치는 모습이 유지되었는지 또는 화가가 가면들이 연극 속에서 살아있는 것처럼 보였다는 것을 표현하려고 한 것인지는 확인할 수 없다. 하지만 우리가 확인할 수 있는 것은 프로노모스 항아리 그림(그림 14번)을 통해 유추해 보았을 때 헤라클레스와 야만인 왕을 묘사한 가면이 오히려 이 역할을 수행하는 배우의 얼굴 모습보다 훨씬 더 자연스럽고 생기 있게 보인다는 점이다.

가면을 쓴 배우들의 연기를 본 관객이라면 배우의 신체언어와 대사가 딱딱하고 무표정한 가면에 무한한 생명력을 부여한다는 사실을 이해할 수 있을 것이다. 다시 말해서, 관객들은 자신의 상상력으로 여백을 메꿀 수 있다. 위르겐 고쉬(Jürgen Gosch)가 연출했고 울리히 빌트그루버(Ulrich Wildgruber)가 주연했던 〈오이디푸스〉(1984년), 피터 홀(Peter Hall)이 연출했던 〈오레스테이아〉(1981년) 등을 통해 우리는 이러한 가면의 연극성을 확인할 수 있었다. 그 밖에 고대 그리스의 비극 작가들은 텍스트 내에 대사를 통해 관객들이 반드시 '보아야' 하는 것을 암시했다. 예를 들어 에우리피데스의 작품 〈힙폴뤼토스〉에서는 파이드라가 의붓아들을 사랑하는 자기 자신을 부끄러워하며 유모에게 다음과 같이 말한다. "다시 내 머리를 감싸다오! … 내 눈에서는 눈물이 흐르고 내 얼굴은 부끄러움으로 붉어졌구나."(243~246행)

시간이 흐름에 따라 가면의 형상은 변해갔다. 그래서 머리카락과 입, 눈과 눈썹은 더 표현적으로 제작되었다. 그리고 기원전 4세기

그림 16 헬레니즘 시대의 연극 가면
왼 쪽: 점토로 만든 여성 가면. 기원전 2세기경에 제작. 뷔르츠부르크
　　　마틴 폰 바그너 박물관 소장.
오른쪽: 청동으로 만든 남성 가면. 기원전 320년~기원전 300년 사이에
　　　제작. 피레우스 고고학박물관 소장.

중엽이 되면 처음으로 표준적인 가면의 형태가 완성된다(그림 16
번). 표준적인 가면은 얼굴 표정이 격정(Pathos)에 가득 차 있고, 이
마 위에는 소위 온코스(Onkos)라고 불리는 머리카락 더미 장식이
탑처럼 높이 솟아 있다. 이 가면들은 이후 세기에도 계속 큰 영향을
미치게 된다.

　이러한 스타일로 만들어진 가면은 지금까지 수천 개가 알려져 있
다. 이 가면들은 돌이나 진흙, 청동 등의 소재로 제작되었고, 또 부
조, 벽화, 모자이크화, 건물 장식 등으로 들어가 있기도 하다. 그리고
헬레니즘 시대에 표준화된 이들 가면은 극장 이외에 다양한 공간에
설치되었고, 오늘날 고대 그리스 비극의 가면에 대한 이미지에 많은
영향을 미쳤다. 그렇기 때문에 현재 전해지고 있는 고대 그리스의
비극들은 기원전 5세기에 창작된 것이고, 이들 작품들은 헬레니즘
시대의 가면과 전혀 다른 형태의 가면을 사용했다는 사실을 확인하
는 것은 매우 중요하다.

기원전 5세기 가면은 매 작품마다 새로 제작되었다.[9] 시간이 지나면서 모든 작품에서 반복적으로 등장하는 주변 인물들에 한해서 유형화된 가면이 먼저 사용되었다. 예를 들어 유모나 사자(使者) 등은 가장 먼저 유형화된 가면을 사용했고, 그 다음에 주인공들의 가면

그림 17 비극 배우의 신발
a) 기원전 5세기: 기원전 460년~기원전 450년경에 제작된 항아리 그림에서 발췌, 페라라 소재. b) 기원전 400년: 20번 그림에서 발췌. c) 헬레니즘 시대의 굽이 높은 장화 코투른: 기원후 3세기(?)에 제작. 상아로 만든 조각상. 파리 프티 팔레 미술관 소장.

---

9 기원전 5세기 고전기에는 가면이 등장인물의 성격이나 나이, 성별 등에 맞게 개별적으로 제작되었다면, 기원전 4세기 헬레니즘 시대에는 가면이 표준화, 유형화되었다는 말이다.

역시 유형화되기 시작했다. 우리는 이것을 폴룩스의 리스트를 통해 확인할 수 있다. 기원후 2세기의 문헌을 보면 나이든 남자 역에는 6개의 가면이 존재했고, 젊은 남자 역에는 8개의 가면이 존재했다. 그리고 여자 역에는 11개의 가면이 있었고 노예 역에는 3개의 가면이 사용되었다. 당연히 특별한 역할에는 그에 걸맞은 독특한 가면이 만들어졌다. 예를 들어 백 개의 눈을 가진 아르고스(소포클레스, 〈이나코스Inachos〉)나 소로 변한 이오(아이스킬로스, 〈결박된 프로메테우스〉), 맹인 테이레시아스(소포클레스, 〈안티고네〉), 자신의 눈을 찔러 시력을 상실한 오이디푸스(소포클레스, 〈오이디푸스 왕〉), 트라케 왕 폴뤼메스토르(에우리피데스, 〈헤카베〉) 등의 역에는 독특한 가면을 사용했다.

기원전 5세기 배우들은 코투른(*Kothúrn*)을 사용하지 않았다. 약 20cm 높이의 나무 굽이 달린 장화 코투른은 격정을 표현하는 온코스

그림 18 비극 코러스. 아티카 항아리(Kolonettenkrater). 기원전 490년~기원전 480년경 제작. 바젤 고미술 박물관 소장.

가면과 마찬가지로 헬레니즘 시대에 들어서야 비로소 사용되었다. 다시 말해서, 코투른과 온코스 가면은 기원전 4세기의 높은 단 위에 설치된 무대(Hochbühne)에서 사용된 것이다. 코투른은 격정적인 가면과 마찬가지로 고대 그리스 연극에 대해 사람들이 가지고 있는 일반적인 이미지를 대변한다고 할 수 있다.

고대 그리스 연극에 대한 이러한 잘못된 고정관념을 수정하는 것은 중요하다. 죽마에 올라탄 것처럼 굽이 높은 장화를 신은 배우의 이미지는 오랫동안 거대한 숭고미의 상징처럼 여겨졌다. 하지만 이러한 이미지 탓에 비극배우의 모습이 인위적으로 인식되었고, 무대 위에서는 부자연스럽게 움직이게 되었다. 하지만 기원전 5세기 배우들은 가죽으로 만들어진 신발 또는 부츠를 끈으로 묶어 신었다. 가죽 신발에 굽은 없었다. 그리고 경우에 따라서 신발 끝을 위로 뾰족하게 만들었다. 이를 통해 배우는 최대한 자유롭게 움직일 수 있었다(그림 13번, 17a번, 17b번). 코러스는 맨발로 춤을 추었다(그림 18번).

12명 또는 15명으로 구성된 코러스는 아마도 동일한 의상과 동일한 가면을 착용했을 것이다. 이것은 지금 현재 유일하게 전해지는 기원전 5세기의 항아리 그림(그림 18번)을 통해 확인할 수 있다. 코러스장(Chorführer)의 경우에는 코러스 전체를 대표해서 무대 위 등장인물들과 대화를 했기 때문에 아마도 특별한 의상으로 강조를 했을 것이다.

사튀로스 극의 의상과 가면

사튀로스 극에 등장했던 배우들이 착용했던 의상과 가면에 대해서 우리가 알고 있는 정보는 우선 20개 정도 남아 있는 항아리 그림에서 기원한다. 이들 항아리들은 고전기 말기(역자 주: 기원전 6세기)와 고전기 사이에 제작되었다. 이들 항아리 그림에 따르면 사튀로스들은 일반적으로 벌거벗었고 허리에 앞치마 비슷한 것을 둘렀다(그림 19번 왼쪽). 앞치마 뒤편에는 긴 말꼬리를 붙였고, 앞에는 발기해 있는 상태의 남근을 부착했다.

사튀로스들의 아버지인 실레노스(Silén, 그림 19번 오른쪽)는 사튀로스 합창단과 마찬가지로 사튀로스 극에 반드시 등장했던 인물이다. 실레노스는 말로토스 치톤(mallōtós chitōn)이라고 불리는 갈색 가죽 옷을 걸쳤다.

사튀로스 합창단의 가면은 (그림 19번 왼쪽) 뭉툭하고 위로 살짝 굽은 코와ー 말이나 당나귀처럼ー뾰족한 귀를 가졌다. 그리고 나이에 따라 머리카락이 많거나 또는 이마가 벗겨지기도 했다. 현재 남아 있는 사튀로스들의 그림을 보면 이들은 길고 헝클어진 머리카락을

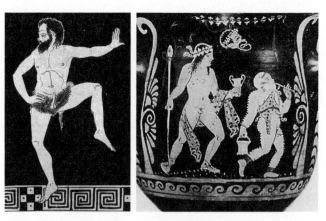

그림 19 사튀로스와 그의 아버지 실레노스(Silén).
왼쪽: 사튀로스. 20번 그림에서 발췌. 오른쪽: 디오니소스와 실레노스.
기원전 350년~기원전 325년경에 제작. 시드니 니콜슨 박물관 소장.

그림 20 사튀로스 극에 등장하는 전체 배우들의 모습. 작품명은 알려지지 않음. 아래 줄 중앙의 아울로스 연주자인 프로노모스 이름을 따서 명명된 아티카 항 아리(Volutenkrater). 기원전 400년경 제작. 나폴리 고고학 박물관 소장.

가졌다. 그 밖에 폴룩스는 턱수염이 없는 사튀로스도 존재했다고 언급하고 있다. 실레노스는 머리가 잿빛이었고 잿빛 수염이 있었다.

사튀로스 극에 등장하는 다른 인물들은 모두 비극에서 사용했던 것과 동일한 의상과 가면들을 착용했다(그림 20번). 벌거벗은 상태에서 발기된 남근을 착용하고 있는 사튀로스와 그들의 희극적인 아버지 실레노스는 사튀로스 극의 한 축을 형성했다. 반대편에는 화려하게 장식된 비극의 의상을 걸친 신들과 영웅들이 자리했다. 두 개의 서로 다른 그룹에 의해 형성되는 긴장과 대조는 사튀로스 극에서 미적으로 가장 중요한 매력이라고 할 수 있다. 그림 20번에 나와 있는 항아리 그림을 보면 그 효과를 우리는 짐작할 수 있다.

희극의 의상과 가면

기원전 5세기와 4세기 희극 공연에서 사용된 의상은 아테네와 남부 이탈리아 지방에서 발굴된 항아리들을 통해 우리에게 잘 알려져 있다.

몸 전체를 덮는 속옷(그림 12번, 21번)은 배와 엉덩이 쪽이 그로테
스크한 모습으로 과장되어 있다. 그리고 가죽으로 만들어진 거대한
남근이 밑으로 축 쳐져 있거나 달팽이처럼 말려져서 매달려 있다(그
림 12번). 아리스토파네스의 〈뤼시스트라테〉에서 볼 수 있는 것처
럼, 극중 상황에 따라 남근은 발기될 수도 있었다. 여자 역할을 하는
배우들은 당연히 남근을 착용하지 않았고, 남자 배우들과 마찬가지
로 배와 엉덩이 부분을 과장했으며 가슴까지 크게 만들었다.

항아리 그림은 남자 역할을 맡은 희극배우들이 벌거벗은 채로 등
장했다는 사실도 보여준다. 다시 말해서 이들은 속옷처럼 몸에 착
달라붙는 옷 하나 만을 걸치고 있다. 벌거벗은 여성은 항아리 그림
에 등장하지 않는다. 그러나 아리스토파네스의 몇몇 작품 말미에는

그림 21 희극이나 소극의 한 장면. 맨 왼쪽에는 비극 의상을 걸친
인물(아이기스토스 역할)이 보임. 폴리아 항아리(기원전 400년~기
원전 380년 사이에 제작). 뉴욕 플라이쉬만 콜렉션 소장.

아름답고 예쁜 소녀가 극중 주인공에게 상으로 수여되는 경우가 있는데, 이때 소녀는 벌거벗은 채로 등장하는 것으로 암시되어 있다. 이런 경우에는 남성 단역배우가 속옷만을 입고 여성의 성적 특성을 속옷 위에 그려 넣거나 또는 다른 방법으로 암시를 했을 것이다.

희극배우들은 속옷 위에 하나 또는 몇 개의 소품이나 외투를 걸칠 수도 있었다. 고고학적인 발굴이나 다양한 텍스트들을 통해 확인할 수 있는 것처럼 특별한 연극적 의상보다는 관객들이 입는 일상적인 옷을 착용했다. 남자 배우의 경우 옷은 그 길이가 짧아서 엉덩이의 일부분이 드러났다. 남근은 관객들에게 노출되었는데(그림 21번), 돌돌 말린 형태로 드러나기도 했다. 여자 역을 연기하는 배우는 - 여자들의 일상복과 마찬가지로 - 발까지 내려오는 옷을 입었다. 신들과 신화 속의 영웅 역할을 연기하는 배우들은 신화 패러디 연극(Mythentravestie)에 나오는 배우들처럼 상징물이나 소품 등을 통해 표시되었다. 기원전 4세기에 제작된 항아리 그림을 보면 제우스 신이 알크메네의 집 창문으로 사다리를 타고 들어가려는 장면이 나온다. 이 장면에서 제우스 신은 작은 왕관으로 그 지위를 암시하고 있다. 그리고 그의 하인이자 조력자인 헤르메스는 전령의 지팡이와 페타소스(Petasos)라고 불리는 챙이 넓은 여행용 모자를 쓰고 있다(그림 22번).

희극에 등장하는 비극적 인물들은 비극 공연에서 사용되었던 의상과 동일하게 화려한 의상을 걸쳤다. 그리고 아리스토파네스뿐만 아니라 동시대의 많은 작가들이 비극 작가들을 희극 공연에 등장시켰다(그림 21번). 희극 무대에 등장한 비극 작가들은 비극적 인물과 마찬가지로 화려한 의상을 걸쳤다.

희극 공연에서는 기본적인 의상 이외에도 다양한 특수 의상이 사

용되었다. 예를 들어 아리스토파네스의 〈아카르나이 구역민들〉도
입부에 등장하는 페르시아인 프세우다르타바스와 그의 내시들(98행
ff.), 트라케인 오도만토이족(156행ff.) 같은 야만인들의 경우에는 비
일상적인 의상이 사용되었다. 또는 〈평화〉에 나오는 전쟁이나 소란
역처럼 알레고리적인 기능을 하는 역할(236행ff.)이나 〈새〉에 나오
는 후투티 새나 그의 하인들(92행ff., 60행ff.), 〈아카르나이 구역민
들〉에서 메가라인의 두 딸이 분한 새끼돼지(729행ff.) 등의 역할은
특별한 의상을 걸쳤다. 특히 희극 코러스의 의상은 매우 환상적이었
다. 현재 전해지고 있는 아리스토파네스의 11개 희극 중에서 3개의
작품 〈기사〉, 〈벌〉, 〈개구리〉에는 동물 코러스가 등장한다. 동물 분
장을 한 코러스는 연극이 탄생하기 이전부터 이미 존재해 왔다. 그
리고 기사들의 코러스는 아마도 말로 분장한 단역배우의 등을 타고

그림 22 제우스(왼쪽)와 헤르메스(오른쪽)가 알크메네의
집 창문 앞에 서 있는 모습. 아스테아 화가(Asteasmaler)
의 항아리 그림. 기원전 350년~기원전 325년 사이에 제
작. 로마 바티칸 미술관 소장.

그림 23 기사들의 코러스와 아울로스 연주자(기원전 424년에 발표된 아리스토파네스의 〈기사〉보다 한 세기 전에 나온 기사 코러스). 아티카 항아리(Amphora). 기원전 550년~기원전 540년경에 제작. 베를린 국립박물관 소장.

등장했을 것이다(그림 23번).

아리스토파네스의 다른 작품들에 등장하는 코러스는 기본적인 의상을 약간 변형시켜서 사용했다. 예를 들어 〈아카르나이 구역민들〉에 나오는 콜레이다이 구역민들의 코러스는 기본적인 의상에 트리본(*Tríbōn*)이라고 불리는 양털 코트를 걸쳤다. 24명에 달하는 희극 코러스는 모두 동일한 의상을 사용했다. 이것은 15명으로 구성된 비극 코러스와 사튀로스 극의 코러스도 마찬가지였다. 예외도 없지는 않았다. 아리스토파네스의 〈새〉에서는 다양한 종류의 새들이 코러스로 등장한다. 새들이 한 마리씩 날아 들어오는 것처럼 오케스트라로 등장하는 코러스 의상은 제각각이었을 것이다(268행ff).

기원전 5세기 희극 공연에서는 의상과 마찬가지로 가면 역시 매우 다양했다. 코러스만이 동물 가면을 착용한 것은 아니다. 아리스토파네스의 〈새〉에서 헤라클레스 역시 전형적인 사자머리 가면을 착용했다(1565ff.). 〈아카르나이 구역민들〉에 나오는 프세우다르타바스는 "위대한 왕의 눈"을 가지고 있다는 자신의 생각에 걸맞게 매우 큰 눈이 달린 가면을 쓰고 있었을 것이 확실하다(91행). 구희극[10]에서 비판을 받는 동시대인들의 경우 초상화-가면을 쓰고 있었다. 아리스토파네스의 선배 희극작가 크라티노스(Kratinos, 기원전 520년~기원전 423년)는 아테네의 정치가 페리클레스를 양파머리를 하고 있는 사람으로 소개하면서 무대 위로 불러낸다. 이때 페리클레스 역을 맡은 배우는 아마도 그의 긴 얼굴을 암시하는 가면을 쓰고 있었을 것이다. 철학자 소크라테스는 아리스토파네스의 작품 〈구름〉 공연 중에 자신의 역할을 하는 도플갱어가 무대 위에 등장했을 때 좌석에서 벌떡 일어났다고 한다(클라우디우스 아일리아누스 Claudius Aelianus, 『역사서 Varia Historia』, 2, I 3). 아리스토파네스는 〈기사〉 프롤로그에서 동시대 정치인 클레온을 언급한다. 이 장면에는 두 명의 노예가 아테네의 유명한 정치가 니키아스와 데모스테네스 이름으로 등장해서 민중선동가 클레온의 가면을 만들려고 했지만, 가면 제작자들이 겁이 나서 실물처럼 만들지 못했다는 소식을 전한다(230~232행).[11] 많은 경우 유명인의 전형적인 의상 스타일을 모방하

---

10 구희극은 기원전 5세기 고전기에 탄생했던 희극양식이다. 구희극은 폴리스 시민들의 삶에 직접 관련되는 주제를 다루었다는 점에서 정치적인 희극이라고 할 수 있다. 중요한 특징은 환상적인 상황과 플롯, 동시대 유력인사 조롱, 패러디, 거칠고 외설적인 언어유희 등이라고 할 수 있다. 대표작가로는 아리스토파네스(Aristophanes, 기원전 446년~기원전 385년)가 있다. 신희극은 기원전 4세기 헬레니즘 시대에 탄생한 희극양식이다. 신희극은 공적인 삶의 영역을 더 이상 다루지 않고, 사적인 영역을 다룬다. 그래서 남녀, 가족 간의 사랑과 결혼 등이 중요한 모티브가 된다. 중요한 작가로는 메난드로스(Menander, 기원전 342년~기원전 291년)가 있다. 메난드로스의 신희극 작품들은 이후 로마 희극작가 플라우투스와 테렌티우스에 의해 다양한 방식으로 수용되었다.

거나 또는 잘 알려진 소품이나 상징물 등을 사용해서 관객들이 무대 위 인물을 바로 알아볼 수 있도록 했다.

특수 가면이나 한 인물의 외형을 모방한 가면 이외에도 나이와 성별, 사회적 신분, 직업 등에 따라 분류된 다양한 형태의 가면들이 사용되었다. 이 가면들은 그로테스크하거나 추한 면을 과장시켜 묘사했다. 이마의 주름은 깊게 패여 있었고, 눈썹은 둥글게 부풀어 올라 있었다. 넓적한 코는 휘어져 있었고, 입은 크게 열려 있었다(그림 12번). 이에 반해 어린 소녀와 청년의 가면은 다른 인물들보다 훨씬 더 자연스럽게 만들어졌다.

기원전 4세기에는 이들 가면과 의상들이 점점 더 스테레오 타입으로 전형화되면서 동시에 세분화 되었다. 폴룩스는 자신의 백과사전에서 신희극에 사용된 전형적인 희극가면 44개를 기록하고 있다. 노인 가면은 9개가 존재했다. 이들 노인 가면 중에는 뚜쟁이 가면도 포함되어 있었다. 청년 가면으로는 11개가 존재했다. 젊은 청년 역을 맡은 배우는 군인, 기생충, 농부, 다양한 노예 역할 등을 담당했다. 3개의 늙은 여성 가면이 있었고 (집안일 돌보는 가정부 역할의 가면도 있었다.) 또 14개의 젊은 여성 가면이 존재했다. 젊은 여성을 맡는 배우는 고급 창녀(Hetäre)와 하녀의 역할을 주로 맡았다. 폴룩스가 언급했던 이러한 가면들은 지금까지 풍부한 고고학적인 연구를 통해 확인되었다. 특히 노예 역과 노인 역의 가면들은 그로테스한 외형을 가지고 있었다. 그러나 전체적으로 보았을 때 가면들은 매우 자연스러운 모습이었다. 의상의 면에 있어서도 마찬가지였다.

---

11 클레온은 기원전 5세기 후반 아테네에서 활동한 정치인이다. 〈기사〉가 공연되었던 기원전 424년 클레온은 막강한 권력을 가졌던 민중선동가였기 때문에 가면을 만드는 사람들이 겁이 나서 실물과 똑같게 만들지 못했다는 말이다.

의상은 시간이 지날수록 더 얌전해지고 길어졌다. 기원전 4세기에도 배우들은 전체 몸을 다 덮는 속옷을 입었다. 그러나 배와 엉덩이 쪽에 불룩하게 채워 넣었던 관습과 남근은 천천히 사라져갔다. 노예 역을 맡는 배우만 예외적으로 오랫동안 배와 엉덩이 쪽을 불룩하게 만들었다. 정치적으로 민감한 소재와 신화를 소재로 다루었던 구희극은 점점 사라져갔다. 신희극은 관객들의 삶의 세계에서 소재를 가지고 왔고, 무대 위 등장인물들 역시 관객들과 동일한 외형을 하기 시작했다.

b) 소품

고대 그리스 희곡에는 지문(Regieanmerkung)이 없다. 그래서 작품의 배경이 되는 공간이나 소품에 대한 명확한 정보가 희곡에 나오지 않는다. 그 대신 희곡의 언어 속에는 다양한 암시가 존재한다. 물론 연극에서 사용된 시각적 요소들을 우리가 모두 찾아서 재구성할 수는 없다. 그럼에도 불구하고 플롯의 진행에 있어서 중요한 소품들은 희곡의 언어 속에도 등장할 것이라고 가정할 수 있다.

희극 작품은 우리가 텍스트를 통해 알 수 있는 것처럼 다양한 소품들을 사용했다. 아리스토파네스의 작품에 나오는 희극성은 무엇보다 환상적인 상황과 플롯, 뛰어난 언어적 유희 외에도 무대에서 일어나는 사건을 통해 나타난다. 이때 대부분 일상적인 생활소품들이 기발하고 우스꽝스럽게 사용된다. 〈아르카나이 구역민들〉 마지막 장면은 이에 대한 좋은 예라고 할 수 있을 것이다.[12] 그리고 〈테

---

12 〈아카르나이 구역민들〉 마지막 장면에서 주인공 디카이오폴리스는 스파르타

모스포리아 축제의 여인들〉에서 에우리피데스의 인척 므네실로코스가 여인들의 축제에 참여하기 위해 여장을 하는 장면과 여장이 들켜서 혼이 나는 장면 역시 일상적 소품을 통해 일어나는 희극성을 잘 보여준다(210행ff., 610행ff.).[13]

이에 반해 비극 공연에서는 소품을 거의 사용하지 않거나 또는 꼭 필요한 경우에만 사용했다. 그래서 비극 공연에서 사용되었던 소품들은 플롯이나 주제의 측면에서 매우 중요한 의미를 지니고 있었다. 아이스킬로스의 〈아가멤논〉에서 클뤼타임네스트라가 자신의 남편 아가멤논 왕을 위해 궁궐 앞에 펼쳐 놓는 카페트, 〈자비로운 여신들〉에서 아레이오스 파고스 법정에 모인 배심원들이 오레스테스에 대해 투표를 할 때 사용하는 두 개의 항아리 등은 중요한 의미를 지니고 있었다. 소포클레스의 작품에서는 헥토르의 칼, 필록테테스의 활, 엘렉트라가 자기 남동생을 화장한 재가 들어 있다고 생각하는 항아리 등은 소품이 가질 수 있는 상징적인 의미들을 매우 잘 보여준다. 에우리피데스의 리얼리즘은 그가 매우 일상적인 소품들

와의 휴전조약체결을 축하하는 축제 준비를 하고, 전쟁광 라마코스는 출정준비를 한다. 두 사람은 엇갈리는 대화 속에서 각자 필요한 음식과 장비(식기/투구)들을 챙긴다(1094~1142행). 희곡에서 매 행마다 언급되는 다양한 음식과 장비들은 이들의 엇갈리는 운명을 극대화시킨다. 비슷한 준비를 하는 것처럼 보이지만, 그 속내는 다를 수밖에 없는 두 사람의 상황이 희극성을 만들어 내는 것이다. 결국 평화를 사랑하는 사람은 음식과 식기를 들고 술잔치를 하러 가고, 전쟁을 사랑하는 사람은 눈이 오는데도 음식과 투구를 들고 전장으로 나간다.

13 비극작가 에우리피데스는 자신의 작품에서 여인들을 비방했다는 죄목으로 여인들의 축제에서 재판을 받게 된다. 에우리피데스는 이 소식을 듣고 여장을 하고 축제에 가서 자신을 변호해 줄 사람을 찾는다. 극작가 아가톤에게 부탁을 하지만 그는 거절을 하고, 에우리피데스의 친척 므네실로코스가 도와주기로 한다. 210행ff.에서는 여장을 하기 위해 횃불로 음모를 그슬리고, 여성 속옷을 억지로 걸치는 장면이 나온다. 610행ff.에서는 오줌을 누다가 걸려서 여장이 탄로 나는 장면이 나온다. 두 장면 모두 신체적 특징을 소품으로 과장해서 희극성을 만들어 낸다.

을 즐겨 사용한다는 사실에서 알 수 있다. 일상적인 소품 역시 플롯에서 중요한 역할을 하고 있다. 이온이 아폴론 사원 앞 광장을 청소할 때 사용하는 빗자루는 겉으로 보기에는 아무런 의미가 없어 보인다. 하지만 신이 크레우사에게 내린 고통을 통해 사원이 더럽혀졌고, 빗자루는 고통스러운 과거를 다시 은폐하려는 것을 상징한다(역자 주: 〈이온〉, 82행ff). 〈엘렉트라〉 도입부에서는 주인공 엘렉트라가 물 항아리에 물을 길어 오는 장면이 나온다. 물 항아리는 우선 아가멤논 왕의 딸이 얼마나 비참한 환경에서 지내고 있는지를 잘 보여준다. 이와 동시에 이 장면은 엘렉트라의 성격을 잘 드러낸다. 엘렉트라는 다른 노예들처럼 생존을 위해 물을 길어오는 것이 아니라, 신들에게 아이기스토스가 자신을 얼마나 푸대접하고 있는지 보여주기 위해 물을 길어오는 것이다. 그래서 물 항아리라는 소품을 통해 여주인공의 성격이 잘 드러난다.

각 작품들에서 중요한 역할을 하고 있는 소품 이외에도 자주 등장하는 도구나 무대 배경도 있다. 특히 제단은 전체 작품의 중심부 역할을 하거나 또는 개별 장면에서 중요한 역할을 하기도 한다. 희생제의와 신의 제단에 구원을 요청하는 것은 그리스 연극에서 매우 자주 등장하는 극적 상황이다. 아이스킬로스의 〈탄원하는 여인들〉에서 에우리피데스의 〈헬레네〉에 이르기까지 크고 작은 그룹의 인물들이나 개인들이 제단으로 가서 구원을 요청한다. 이들은 막강한 힘을 가진 권력자들을 피해 신들에게 도움을 달라고 요청한다. 제단과 비슷하게 중요한 역할을 하는 도구는 신상이라고 할 수 있다. 신상은 특히 제단과 함께 연결되어 사용되기도 한다. 예를 들어 아이스킬로스의 〈자비로운 여신들〉에서 오레스테스는 복수의 여신들을 피해 아테나 여신상에 기대어 아테나 여신에게 도움을 요청한다

(235~243행). 에우리피데스의 〈힙폴뤼토스〉에서는 아프로디테와 아르테미스의 신상이 궁성의 입구 양 옆에 서 있다. 이를 통해 파이드라와 힙폴뤼토스의 운명이 앞으로 어떻게 진행이 될지 암시가 되어 있다(73행ff., 101행).

제단과 신상은 희곡에서 너무 자주 언급이 되고 있기 때문에 많은 연구자들은 이것들이 디오니소스 극장에 설치가 되어 있는 고정 무대장치였을 것이라고 생각했다. 그러나 이 가정의 근거가 되었던 문헌 증거들은 모두 훨씬 후기의 것이고, 또 그 내용조차 우리가 확실하게 파악할 수 없다. 고고학적으로도 디오니소스 극장의 오케스트라에는 제단이 없었던 것으로 확인된다. 발굴과정에서 제단이 발견되기도 했는데, 이것은 오케스트라의 중심이 아니라 바깥 변두리 지역에 설치된 것이었다. 그래서 제단이 무대에 고정적으로 설치된 장치였다는 가정은 설득력이 없다.

그리고 오케스트라에 크고 고정된 제단이 설치되었다는 가정은 다음 두 가지 점에서 문제가 있다. 제단이 등장하지 않는 연극에서는 제단이 관극을 방해할 뿐만 아니라 결정적으로 춤을 추는 코러스의 움직임을 제한할 수밖에 없다. 그 밖에 희곡에는 다양한 신상들이 언급되어 있다. 이에 대해 폴룩스는 기본적인 무대 장치로 아폴론 아기에우스(Apollon Agiéus) 신상이 설치되었고, 아폴론 신상은 연극 속에 등장하는 모든 신상을 대표하고 있었다고 주장한다. 그러나 다양한 신상을 단 하나의 신상이 재현하는 것은 거의 불가능하다. 그렇기 때문에 제단과 신상이 고대 그리스 극장에서 기본적인 무대 장치였다는 주장은 설득력이 없다. 오히려 제단과 신상은 각 공연의 필요에 따라 무대에 설치되었던 유동적인 대도구들이라고 할 수 있다.

c) 기계장치

현대 극장에서는 기술적 제한이 거의 없는 것에 비해, 고대 그리스의 연극에서는 이러한 기술적 장치들이 매우 제한되어 있었다. 스펙터클하고 극적인 시각효과를 만들어 내기 위해 그리스 연극에서 사용되었던 기계장치로는 기중기(*Mechané*)와 굴림무대(*Ekkýklema*)가 있었다.

극장용 기중기(*Mechané*)

이미 기원전 5세기에 두 세 명의 등장인물 또는 소도구들이 공중에 떠다니거나 스케네의 지붕이나 스케네 앞쪽으로 빠른 시간에 이동할 수 있게 도와주는 장치가 존재했다는 사실에 대해서는 이견이 없다. 스케네 자체가 매년 새로 만들어졌기 때문에 기계장치도 매번 새로 만들어져야만 했을 것이다. 그러나 이 장치가 어떻게 제작되었는지에 대해 구체적으로 알려진 바가 없다.

기계를 뜻하는 메카네(*Mechané*)라는 명칭 이외에도 게라노스(*Géranos*, 기중기)라는 명칭 역시 사용된 것을 보면, 이 장치는 아마도 기중기와 비슷한 원리로 작동했을 것이다. 고대의 기중기를 재현한 두 개의 도면(그림 24번, 25번)을 보면, 두 기중기 모델의 기본적인 작동 원리는 동일하다. 다만 기술적인 측면에서만 약간 차이가 있을 뿐이다.

첫 번째 모델(그림 24번)은 무대 뒷벽의 난간에 비대칭적으로 설치된 긴 막대를 이용한다. 이 막대는 회전축(Drehpunkt)을 중심으로 평형추(Gegengewicht)를 당겨 사람을 높이 올리거나 또는 회전

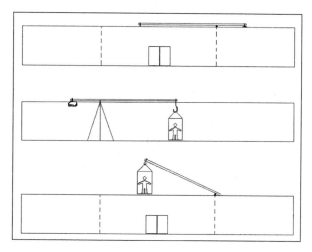

그림 24 극장용 기중기(Mastronarde 설계 도면)

시켜 무대 쪽으로 옮길 수 있다. 이러한 구조의 기중기는 고대에 지중해 주변 지역에서 무거운 물건을 옮길 때 주로 사용되었다.

두 번째 모델(그림 25번)은 조금 더 구조적으로 복잡하다. 이 모델에서는 기중기가 수직으로 설치된 스탠드와 대들보로 이루어져 있다. 수직 스탠드와 대들보는 회전이 자유롭게 되는 회전축으로 연결되어 있고, 대들보는 평형추와 도르래 장치의 도움으로 위와 아래, 왼쪽과 오른쪽으로 자유롭게 움직일 수 있다. 수직 스탠드에 설치된 윈치(밧줄을 감는 실린더)는 배우와 소도구를 무대 쪽으로 옮기거나 무대 바닥으로 내려갈 수 있게 했다.

첫 번째 모델은 구조적 단순함이 특징이고, 두 번째 모델은 여러 사람을 동시에 운반할 수 있을 정도로 견고하게 제작된 것이 특징이다. 두 명의 신들이 무대 위로 함께 날아 들어오는 것은 드문 일이 아니었다. 에우리피데스의 〈엘렉트라〉(1233행ff.)에서는 쌍둥이형 제 카스트로와 폴뤼데우케스가 지붕 위에서 등장하고, 에우리피데

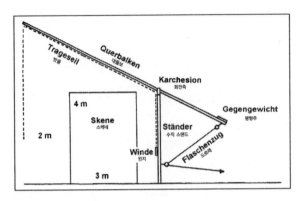

그림 25 극장용 기중기(Lendle 설계 도면)

스의 〈헤라클레스〉(815행ff.)에서는 이리스와 륏사가 함께 무대 위로 날아 들어온다. 에우리피데스의 〈메데아〉 마지막 장면에서는 '복수의 여신' 메데아가 자신에 의해 살해된 두 아이들과 함께 마차를 타고 궁궐 위에 나타난다(1317행ff.).

기중기는 스케네 건물 뒷벽에 바로 붙어 있었을 것이다. 기중기가 사용되지 않을 때에는 대들보가 가로로 무대 뒷벽 가장 자리에 숨겨졌을 것이다(그림 24번 첫 번째 도면). 그래서 기중기는 관객의 눈에 띄지 않았을 것이고, 기중기를 통해 극중 인물들이 등장할 때 관객들을 놀라게 할 수 있는 효과를 창출할 수 있었다.

배우와 소품, 소도구들이 어떻게 기중기 대들보의 끝에 고정될 수 있었는지에 대해서는 정확하게 알려진 바가 없다. 확실한 것은 가슴팍에 고정하는 띠를 사용할 경우 오직 한 사람만 이동할 수 있다는 점이다. 사람이 동물과 함께 등장하는 경우에는 동물을 기중기 대들보에 매달아서 이동시켰다. 예를 들어 아이스킬로스의 〈결박된 프로메테우스〉에 나오는 오케아노스는 날개 달린 말을 타고 등장하고, 에우리피데스의 〈프로메테우스〉에 나오는 벨레로폰은 페가소스를 타고 등장한다. 많은 인물들이 동시에 등장을 해야 하는 경우에는 아마도 공중 그네와 유사한 형태의 소형 플랫폼을 사용했을 것이다(그림 24번). 이때 배우들은 소형 플랫폼 위에 서서 등장했을 것이다. 이런 경우 플랫폼이 하중에 의해 혼자서 돌아가 버리는 위험을 방지하기 위해 두 개 이상의 지점에 고정했을 것이다.

연극무대에서 기중기가 언제부터 사용되었는지에 대해서는 정확하게 규정을 할 수가 없다. 아리스토파네스의 〈평화〉(기원전 424년)에서 주인공 트뤼가이오스는 거대한 쇠똥구리를 타고 올림푸스에 있는 제우스의 궁전으로 날아간다. 이때 그는 기중기를 조정하는 사람에게 조심하라고 소리를 친다. 이렇게 공연 중에 극중 환영을 깨기 위해 환영의 세계 밖에 있는 사람들과 직접 소통을 하는 것은 구희극의 전형적인 특징이기도 하다(173~176행). 쇠똥구리를 타고 하늘을 나는 장면은 분명히 오만한 벨레로폰이 페가소스를 타고 나는 것을 비웃는 패러디라고 할 수 있다. 그래서 기중기는 적어도 기원전 5세기 3/4분기(기원전 450년경~기원전 425년경)에는 사용이 되었다고 유추할 수 있다. 이것은 에우리피데스의 〈메데아〉(기원전 431년)에서 극중 주인공 메데아가 작품의 마지막에 '신의 기계적 출현(*deus ex machina*)'의 형태로 등장하는 것을 통해 확인할 수 있다. 만약 페터 슈타인(Peter Stein)이 연출한 아이스킬로스의 〈오레스테스〉 3부작 세 번째 작품인 〈자비로운 여신들〉 공연에서처럼 아테네 여신이 오레스테스의 구원 요청을 듣고 하늘을 날아올라 무대로 등장했다면, 기중기가 처음 사용된 시점은 훨씬 더 과거로 올라갈 것이다. 그러나 이것은 개연성이 부족하다. 그리고 소포클레스가 비극에서 기중기를 사용했는지는 확실하지 않다. 하지만 소포클레스는 그의 후기 작품 〈필록테테스〉(기원전 409년) 마지막에 헤라클레스가 등장하는 장면에서 기중기를 사용한 것은 분명하다(1409행ff.).
세 명의 위대한 비극작가들 중에서 이 장치를 가장 많이 사용한 사
람은 바로 가장 후대의 작가인 에우리피데스이다. 특히 신들이 등장
하는 장면에서 주로 사용했고, 페르세우스나 벨레로폰같은 영웅들
이 비행을 할 때도 사용했다.[14] 그리고 〈메데아〉처럼 마지막 장면을
스펙터클하게 끝낼 때도 기중기를 사용했다.

많은 경우 신들이 실제로 기중기를 타고 날아서 무대에 등장한
것인지 또는 실제 공연에서 다른 방식으로 연출되었는지 확인은 불
가능하다. 그러나 기원전 5세기 말에는 기중기의 사용이 비극 공연
에서 보편적이었다는 사실은 확실하다. 기원전 4세기에는 '신의 기
계적 출현(deux ex machina)'이라는 표현이 격언처럼 사용되었다.
이 표현은 해결책이 보이지 않는 비극적 갈등 상황에서 누군가가
갑자기 나타나서 모든 문제를 해결하는 것을 말한다. 희극작가 안티
파네스(Antiphanes)는 비극작가들이 극의 전개를 어떻게 해야 할지
더 이상 알지 못하게 되면 언제나 "손가락을 치켜들 듯이 기중기를
들었다"고 비꼬고 있다. 플라톤 역시 『크라튈로스』에서 "비극 시인
들이 곤경에 처할 때마다 기계장치에 의지해서 신들을 등장"시키고
있다는 비판을 하고 있다(425d). 아리스토텔레스는 『시학』(1454 a37~
b8)에서 비극 공연의 경우 신의 기계적 출현이 너무 자주 사용되고
있다고 〈메데아〉를 예로 들어 비판했다. 그리고 신의 기계적 출현은
신이 나타나서 사건의 전사를 설명하거나 또는 미래를 예언할 때
정도에만 한정해서 사용되어야 할 것이라고 주장했다.

---

14 페르세우스의 비행은 아리스토파네스의 〈테스모포리아 축제의 여인들〉(1098
~1102행)에 패러디되어 나온다. 벨레로폰이 페가소스를 타고 비행하는 것은 아리스
토파네스의 〈평화〉(76~81행)에 패러디가 등장한다.

굴림무대(*Ekkýklema*)

연극무대에서 사용했던 두 번째 기계장치는 바퀴가 달린 목재 플랫폼 굴림무대이다. 굴림무대는 바닥에 바퀴가 달려 있어서 무대의 가운데 큰 문을 통해 밖으로 끄집어 낼 수 있게 된 플랫폼이다. 원래 그리스 비극에서는—세네카 (기원전 4년~기원후 65년) 또는 셰익스피어의 연극과는 달리—폭력적인 장면들이 무대에서 추방되어 무대 뒤 숨겨진 공간에서 벌어졌다. 이 장치는 무대 뒤 숨겨진 곳에서 일어난 폭력적인 장면을 관객들이 직접 눈으로 확인할 수 있게 도와준다. 그래서 관객들은 굴림무대를 통해 비극적인 폭력의 결과물을 생생하게 볼 수 있었다.

극장용 기중기와 마찬가지로 굴림무대 역시 언제부터 사용되었는지, 그리고 어떤 장면에서 얼마나 자주 사용되었는지에 대해 논란이 있다. 굴림무대가 처음 도입된 시기를 결정하는 문제에 있어서도 역시 아리스토파네스는 큰 도움이 된다. 아리스토파네스는 초기 작품에서 이미 굴림무대를 패러디했다. 그래서—기중기의 경우와 마찬가지로—굴림무대가 연극에서 사용된다는 사실을 메타연극적으로 확인시켜주고 있다. 〈아카르나이 구역민들〉(기원전 424년)에서 극중 주인공 디카이오폴리스는 재판에서 배심원들에게 연민을 구하기 위해 에우리피데스로부터 넝마 같은 옷을 빌린다. 당시 에우리피데스 극의 주인공들은 모두 높은 신분임에도 불구하고 넝마를 걸치고 나오는 것으로 유명했다. 디카이오폴리스는 에우리피데스를 부르지만, 작가는 새로운 비극을 쓰고 있는 중이라서 시간이 없다고 말한다. 그러자 디카이오폴리스는 다음과 같이 말한다. "그렇다면 굴림무대를 타고 밖으로 나오시죠."(408행) 에우리피데스가 이에 동의하자 그는 바퀴달린 목재 플랫폼을 타고 넝마 같은 옷을 걸친 채 무대로 나온다. 그리고 그의 뒤편에는 비극에 사용되었던 넝마 같은 옷들이 걸려 있다(408행ff.). 〈테스모포리아 축제의 여인들〉에서는 비극작가 아가톤이 이와 유사한 방법으로 집 안에서 집 밖으로 등장한다(94행ff.). 두 개의 장면에서 '에키클레인(*ekkýlein*, 밖으로 끄집어내다는 뜻)'이라는 동사가 사용되고 있다는 점을 통해 미루어 보았을 때, 굴림무대(*ekkýklema*)가 당시에 널리 사용되었다는 것을 확인할 수 있다. 그리고 이 굴림무대를 통해 등장하는 인물들이 모두 비극작가라는 점으로 미루어 보아 당시에 굴림무대가 비극 공연에서 많이 사용되었다는 것을 짐작할 수 있다.

극장용 기중기와 마찬가지로 굴림무대 역시 우선적으로 에우리피데스의 비극을 통해 확인할 수 있다. 〈힙폴뤼토스〉에서는 파이드라의 시체가 굴림무대를 통해 보여진다(808~810행). 여기서는 궁전 문을 열라는 테세우스의 명에 의해 문이 열리면서 비극적인 장면이 관객들에게 천천히 제시된다. 〈헤라클레스〉에서는 광기에 사로잡혀 자신의 부인과 아이들을 죽인 헤라클레스가 기절해서 쓰러진 모습으로 시체와 각종 무기들과 함께 관객들에게 보여진다(1029행ff.). 소포클레스와 아이스킬로스의 비극 작품에서도 굴림무대가 사용되었을 가능성이 높은 장면들이 있다. 소포클레스의 〈아이아스〉에서는 테크멧사가 하인을 시켜 천막을 열게 한다. 그래서 적들에게 복수를 하는 대신 소떼를 처참하게 학살하고 그 사이에 앉아 있는 영웅 아이아스의 모습을 코러스와 관객에게 보여준다(346~347행). 아이스킬로스의 〈오레스테스〉 3부작에서는 세 개의 장면들이 굴림무대의 도움으로 상연되었을 가능성이 높다. 3부작의 첫 두 작품에서는 주인공들이 희생된 제물 위에 서서 자신의 행위를 정당화시키는 장면이 나온다. 두 개의 장면은 마치 동전의 양면처럼 대비되는 구성을 가지고 있다.[15] 첫 번째 장면(제1부 〈아가멤논〉, 1371~1398행)에서는 클뤼타이메스트라가 남편 아가멤논을 죽인 장소에 지금 자기가 서 있다고 선언하는 사실이 중요하다(1379행). 이 해석이 맞는다면 굴림무대로 궁전 내부의 목욕탕 장면을 관객에게 제시하는 것이라고 할 수 있다. 그리고 두 번째 장면은 제2부 〈제주를 바치는 여인들〉에 나오는 굴림무대 장면으로, 오레스테스가 제사를 지내던 아이기스토스와 클뤼타이메스트라를 죽인 현장을 보여준다(973~1006행). 제3부 〈자비로운 여신들〉 도입부에서는 굴림무대를 통해 오레스테스가 칼과 올리브나무 가지를 들고 델피의 아폴론 신전에서 도움을 요청하는 타블로가 제시된다(39행ff.). 그리고 그 주변에는 잠을 자고 있는 코러스 '복수의 여신'들이 보인다(64행ff.).

지금까지 모든 학자들이 〈오레스테스〉 3부작에 나오는 세 장면에서 굴림무대가 사용되었을 것이라고 일치된 견해를 보인 것은 아니다. 아마도 단역배우들이 비극적인 폭력의 결과물을 직접 집안에서 밖으로 들고 나올 수도 있을 것이다. (예를 들어 소포클레스와 에우리피데스의 〈엘렉트라〉에서 그렇다.) 그리고 〈아가멤논〉과 〈제주를 바치는 여인들〉에서도 굴림무대 대신 단역 배우를 사용했을 것이라고 주장하기도 한다. 이에 반해 스케네 건물의 가운데 문만 열어서, 그 문을 통해 내부를 보여줬다고 가정하는 것은 옳지 않다.

---

15 〈아가멤논〉에서는 클뤼타이메스트라가 자신의 남편 아가멤논과 그의 정부(情婦) 캇산드라를 죽이고 둘의 시체를 관객에게 보여주면서 일장의 연설을 한다(1371행ff.). 〈제주를 바치는 여인들〉에서는 오레스테스가 자신의 어머니 클뤼타이메스트라와 그녀의 정부(情夫) 아이기스토스를 죽이고, 둘의 시체를 관객에게 제시하면서 연설을 한다(973행ff.).

디오니소스 극장의 위치를 고려해 보았을 때 관객들은 해를 정면으로 바라보는 상태에서 관극을 했기 때문에 제대로 된 조명기구가 없다면, 관객들은 비극에서 가장 중요한 장면을 놓칠 수밖에 없기 때문이다. 굴림무대가 처음으로 발명되고 나서부터 이 장치는 다양하게 많은 비극에서 활용되었을 것이다.

그 밖에 기원전 5세기에는 이미 천둥과 번개 소리를 재현하기 위한 기계장치들이 있었고, 헬레니즘 시대에도 이러한 기계장치들은 사용되었다.

d) 연기술

고대 그리스 로마 시대 연극의 연기술에 대한 고대 문헌은 현재까지 알려진 것이 없다. 배우의 연기술은 수사학과의 긴밀한 관계에도 불구하고 수사학처럼 예술(*téchne*)로 취급되지 못했다. 연극 제작 과정이 확장되고 또 전문화되는 과정에서 오늘날처럼 배우들을 교육하기 위한 연기학교가 있었던 것도 아니다. 배우라는 직업과 연기술은 고대 사회에서 다른 직업들과 마찬가지로 가족 관계 내에서만 전수되었다. 후기에는 배우 교육이 작은 극단 내에서 실습과정을 통해 이루어졌다. 극단에는 세 명의 배우와 수련생, 조수들이 있었다.

기원전 5세기 고대 그리스의 연극에서 배우들은 기본적으로 매우 높은 수준의 자질을 갖추어야 했다. 오늘날 남아 있는 희곡을 살펴보면 배우들은 단장 3보격(Iambic trimeter)[16] 운율로 된 '대화' 뿐만

---

16 그리스어와 라틴어는 음의 억양이 아니라 음의 장단에 근거해서 운율을 만들었다. 그래서 고전 문학에서 Iamb 운율은 ─약강이 아니라─ 단장(短長, ∨ ─)격의 2음절 운보를 말한다. 낭독용 시구는 한 개의 운보가 아니라 두 개를 결합한 이중운보

아니라 음악 반주에 맞추어서 '낭송'되었던 운문, 서정시의 운율에 맞춘 '노래'까지 소화할 수 있어야 했다. 현대어로 번역된 텍스트를 읽는 오늘날의 독자는 다양한 운율의 교체를 전혀 짐작도 할 수 없다. 그래서 낭송과 노래 사이의 큰 의미 차이가 드러날 수 없다. 그리고 오늘날의 현대적인 공연에서는 다양한 운율을 재현하는 것을 시도하지 않는다.

　오늘날 전해지는 가장 오래된 작품인 아이스킬로스의 〈페르시아인들〉(기원전 472년)에서 전쟁에서 패배한 페르시아의 왕 크세르크세스는 작품의 마지막에 등장해서 코러스와 대화를 한다. 크세르크세스는 전쟁에 대군을 이끌고 나갔지만 작품의 끝에서 패배하고 돌아와서 넝마 같은 옷을 입고 혼자 등장한다. 크세르크세스와 코러스 사이의 대화는 처음에는 길고, 천천히 감정이 고조되는 비탄의 이중창으로 시작해서 연으로 나누어진 '서로 주고받는 노래(Amoibaia)'로 넘어간다(908행ff.). 아이스킬로스의 작품에서는 이렇게 코러스와 배우가 함께 대화를 하거나 노래를 하는 아모이바이아(Amoibaia)가 많이 나온다. 그러나 배우들 간의 듀엣이나 배우가 혼자 부르는 아리아는 나오지 않는다. 소포클레스의 가장 오래된 두 작품에서는 배우 두 사람이 함께 노래하는 아모이바이아가 나오기 시작한다. 그리고 에우리피데스는 세 명의 비극작가 중에서 처음으로 한 사람의 배우만을 위한 아리아를 창작했다. 기원전 428년에 공연된 〈힙폴뤼토스〉 마지막 장면은 치명적인 부상을 입은 주인공이 자신의 운명을 애도하는 독창가(Monodie)로 시작한다. 이 장면(1347~1388행)은 낭

---

v‒v‒를 사용했고, Iambic trimeter는 이중운보가 세 번 반복되는 것을 말한다. 그래서 한 행의 운보는 다음과 같이 구성되었다.
∣ v‒v‒ ∣ v‒v‒ ∣ v‒v‒∣ (v는 단음, ‒는 장음)

송(Rezitativ)과 아리아로 이루어져 있다. 에우리피데스는 그리스 비극에서 제일 나중에 만들어진 독창가라는 형식을 이후 체계적으로 발전시켰다. 소포클레스의 후기작품 〈엘렉트라〉, 〈콜로노스의 오이디푸스〉에도 배우의 아리아가 나오고 또 〈필록테테스〉에는 코러스와의 대화가 삽입된 긴 아리아도 나온다. 그러나 고대 그리스 시절에 벌써 배우가 혼자 노래하는 독창가의 마이스터는 에우리피데스라고 생각했다. 그의 모든 비극 작품에는 언제나 하나 이상의 아리아가 등장한다. 그리고 두 개 또는 세 개까지 아리아가 나오는 경우도 있다. 일반적으로 이러한 아리아는 작품에서 주인공 역을 하는 제 1배우에게 한정되어 있다. 그러나 예외도 존재한다. 예를 들어 〈오레스테스〉에서 프뤼기아 출신의 노예가 부르는 스펙터클한 아리아의 경우 제 2배우가 부른다(1369행ff.). 신들은 노래하지 않는다. 신분이 낮은 사람들은 산발적으로 가끔 노래한다. 예를 들어 프뤼기아인(트로이아인)이나 에우리피데스의 〈알케스티스〉에 나오는 알케스티스의 아들 에우멜로스가 그렇다(393~415행).

두 명의 배우가 노래하거나 또는 낭송하는 형식으로 이루어진 듀엣 장면이 매우 많다는 사실을 생각해 본다면, 배우들이 부르는 노래가 가지는 의미는 매우 의미심장하다. 이러한 경향이 발전하는 것은 배우라는 직업의 전문화와 긴밀하게 연관되어 있다. 나아가서 기원전 5세기 말에 있었던 '신 음악'의 발전이 비극의 변화에 영향을 끼쳤다는 사실도 확실하다. 기원전 5세기 아리아는 관객들에게 특히 많은 사랑을 받게 된다. 그래서 기원전 4세기에는 이미 전문 배우들이 에우리피데스의 아리아로만 이루어진 노래 레퍼토리를 가지고 그리스 각지를 여행하면서 공연했다. 이러한 배우들의 솔로 콘서트가 비극 공연을 천천히 대체하기 시작했다. 콘서트 가수(*tragódoi*)들이 비극의 아리아들을 모아 공연하는 관습은 로마시대까지 이어진다. 비극 공연에서는 아리아가 대중화되면서 그 영향으로 비극의 나머지 부분들까지 음악과 함께 상연된다. 예를 들어 사자(使者)의 보고 장면이나 대화 장면까지 음악의 반주에 맞추어 노래되었다.

희극에서는 아리아가 비극에 비해 큰 역할을 하지 못했다. 때때로 비극적인 노래를 희극적으로 부르거나 또는 비극에 나왔던 노래를 패러디했다. 하지만 아리스토파네스의 희극에서 주를 이루었던 것은 〈여인들의 민회〉(893행ff.)에 나오는 것처럼 사랑의 노래이거나 아니면 〈벌〉(1226~1246행)에서 필로클레온이 향연을 위해 부르는 술자리 노래 등이 주를 이루었다. 신희극에서는 가끔 노래나 낭송되는 부분이 등장한다. 메난드로스의 희극 〈심술쟁이〉 5막에서 우리는 이것을 확인할 수 있다. 하지만 그리스 희극의 발전 과정에서 노래는 점점 더 줄어들었다.

노래가 가졌던 의미나 극장의 크기 등을 고려해 보았을 때 고대 그리스의 작가들이 배우의 연기에 대해 논할 때 배우의 목소리를 가장 먼저 이야기했다는 것은 놀라운 일이 아니다. 배우의 목소리는 지속적인 훈련과 다이어트 등을 통해서 개선되었다. 배우들은 목소리의 강도, 선명함, 화음 이외에도 자기가 맡은 역할 또는 극중 상황에서 나오는 격정을 목소리로 표현하는 것이 중요했다. 그래서 아리스토텔레스는 당시 유명했던 배우 테오도로스(Theodoros)가 자신의 목소리를 언제나 "자신이 맡은 역할의 목소리"로 발성했다는 점을 칭찬했다. 테오도로스와는 달리 당시 많은 배우들은 자기가 맡은 역할이나 상황에 맞지 않는 목소리를 냈기 때문에 '낯설게' 느껴졌다(아리스토텔레스, 『수사학』, 1404b).

고대 그리스 연극에서는 스케네에서 연기하는 배우들이 가면을 착용했기 때문에 얼굴 표정은 표현수단이 될 수 없었다. 그래서 배우의 목소리 이외에 신체 언어가 중요한 표현수단이 되었다. 항아리에 그려진 배우들의 연기 장면들은 연극에서 영감을 얻어 제작된 작품이지만 연극의 한 장면을 구체적으로 제시하고 있지는 않다. 그럼에도 불구하고 항아리 그림들과 수천 개의 희극 배우들의 점토 조각상은 배우들의 전형적인 제스처, 자세, 움직임 등에 대해 알려준다. 그러나 우리에게 가장 많은 정보를 주는 자료는 희곡이다. 희곡에는 등장인물의 움직임에 대한 묘사와 간접적인 암시가 많이 나온다. 예를 들어 소포클레스의 〈안티고네〉에서 사자(使者)가 나와서 크레온 왕에게 불편한 소식을 전달하는 장면을 살펴보자. 이 장면에서는 사자가 크레온 왕에게 장례 치르는 것이 금지된 시체를 누군가가 땅에 묻었다는 사실을 알려야만 한다. 그래서 코러스와 크레온 왕이 대화를 하는 동안 거대한 공포에 사로잡혀 주저하면서 왕에게 다가간다.

> 왕이시여, 저는 숨이 차도록 급히 달려왔다거나
> 발걸음도 가벼이 열심히 걸었다고 말씀드리지
> 않겠어요. 걱정이 앞서 도중에 저는 여러 번
> 멈춰 섰고, 되돌아갈까 하고 돌아서곤 했으니까요.
>
> (〈안티고네〉, 223~226행)

나아가서 장면 전체의 움직임이 어떻게 진행되는지, 그리고 장면에 등장한 배우들의 공간적인 안무가 어떻게 되는지도 희곡을 통해 유추할 수 있다. 클뤼타이메스트라가 자줏빛 양탄자를 왕궁 앞에 펼치고, 아가멤논이 하인을 시켜 신발을 벗고 망설이면서 자줏빛 양탄자를 밟으며 왕궁 안으로 들어가는 장면에서 우리는 공간적 움직임을 유추할 수 있다(〈아가멤논〉, 908~974행). 이어서 캇산드라가 자신의 죽음이 기다리고 있는 문 쪽으로 천천히 다가가면서 아트레이드 가문의 '도살장'에 들어선다는 사실에 경악하는 장면(1258~1330행)에서도 공간적인 움직임이 암시되어 있다. 희극이나 사튀로스 극에서도 이와 유사하게 희곡을 통해 전체의 움직임을 유추할 수 있는 장면들이 존재한다.

고대 그리스의 작가들은 스스로 연출자의 역할까지 했기 때문에 모든 배우들의 동작을 희곡에 서술하지 않았다. 그리고 무엇보다 우리는 배우가 연출자의 지시를 어떻게 실행했는지 확인할 수 없다. 그래서 당시의 연기 양식이나 개개 배우들의 연기에 대해서는 확실하게 이야기할 수 없기 때문에, 당시의 연기에 대해서 말할 때 최소한의 수준에서 논의할 수밖에 없다. 극장의 크기는 양식적이고 관습적인 육체언어와 신체 동작을 요구했을 것이다. 희극 배우들은 비극 배우들에 비해 훨씬 더 역동적으로 연기했을 것이고 또 우아한 동작과는 거리가 멀었을 것이다. 그리고 기원전 5세기 배우의 연기술은 배우 경연이 시작된 사실에서 알 수 있듯이 예술적으로 성숙해져 갔을 뿐만 아니라 사실적인 연기로 나아갔다. 예를 들어, 아리스토텔레스는 비극에서 배우들의 연기가 점점 모방적으로 변해갔다는 사실을 언급하고 있다. 아이스킬로스의 연극에서 배우로 참여했던 뮌니스코스(Mynniskos)는 자신의 젊은 동료 배우 칼립피데스(Kallippides)를 "원숭이"라고 비난했다. 칼립피데스가 텍스트를 낭송할 때 "지나치게 과장된" 제스처를 사용했기 때문이다. "배우들은 자신이 무엇을 보태지 않으면 관객들이 이해하지 못할 줄 알고 별의별 동작을 다 한다"는 것이다(『시학』, 1461b 34f). 에우리피데스가 오래된 이야기(역자 주: 신화)를 사실주의라는 새로운 방식으로 전개하면서, 사실주의는 점점 주도적인 양식이 되었고, 배우들의 연기에서도 사실주의적인 연기 양식이 도입되었다는 것을 우리는 확인할 수 있다.[17]

e) 코러스

현대 연극에서 연출자가 어느 정도 규모가 있는 코러스를 사용할 경우 대부분은 합창으로 말을 하는 수준에 멈춘다. 고대 그리스 연극에서처럼 코러스가 춤을 추고 노래까지 하는 경우는 드물다. 프랑스 연출가 아리안느 므누슈킨(Ariane Mnouchkine)은 자신의 작품 〈아트레이드 가문 Les Atrides〉에서 코러스의 복원을 통해 미적인 측면이나 정서적인 측면에서 큰 반향을 일으켰다. 그러나 므누슈킨 역시 고대 그리스 연극의 코러스가 추었던 춤을 고증을 통해 복원하려는 시도는 하지 않았다. 우리는 고대 그리스 시대의 춤에 대해 개괄적인 정보 이외에는 알고 있지 못하다.

기원전 5세기와 기원전 4세기에 쓰인 것으로 알려진 소포클레스의 저작 『코러스에 대해서』와 아리스토텔레스의 제자이자 음악이론가였던 아리스토제노스(Aristoxenos)의 저작 『비극적 춤에 대해서』는 고대 그리스 고전기 시대의 춤을 다루었다. 하지만 이 두 저작은 우리에게 제목만 전해져 올 뿐 유실되었다. 그리고 헬레니즘 시대에 쓰인 연극에 대한 저작들 역시 모두 사라졌다. 수많은 춤의 유형과

---

17 아리스토텔레스는 연기술의 측면에서 올드 스쿨에 속하는 뮌니스코스의 입을 빌어 칼립피데스의 사실적인 연기를 "저속한 모방"이라고 비판한 것이다. 그리고 저자 자이덴슈티커는 아이스킬로스와 에우리피데스 사이에 나타나는 희곡의 변화가 곧 연기술의 변화로 이어졌다고 주장하는 것이다.

댄서의 유형에 대한 명칭들은 아테나이오스(Athenaios, 기원후 200년 경), 폴룩스(Pollux, 기원후 2세기) 등이 쓴 각종 주해서, 백과사전 등에 전해져 오고 있다. 그러나 이것들은 모두 후대의 산물이고, 고전기 이후 헬레니즘 시대에 대중적인 인기를 얻었던 댄스-팬터마임(Tanzpantomime)의 영향이 두드러지게 나타난다(156~159쪽 참고). 그 밖에 이들 춤에 관련된 용어들은 대부분 특별한 설명이 없이 언급만 되고 있다. 설명이 추가된 경우에도 이해하기가 쉽지 않고, 그 설명 역시 확실한 근거에 기초하고 있는 것처럼 보이지는 않는다.

음악의 경우와는 달리 춤의 경우에는 무용표기가 전해지지 않는다. 그리고 댄스 스텝과 동작, 안무 등을 교육용으로 기록한 핸드북 역시 없던 것으로 추정된다. 연극에 나오는 코러스에서 영감을 받았을 것으로 추정되는 항아리 그림은 매우 드물고, 우리가 소유하고 있는 그림들의 경우에도(그림 18번) 정지된 동작 하나만을 보여주고 있다. 전체 안무가 어떠했는지는 이러한 그림을 통해 재구성하는 것은 불가능하다. 나아가서 걸음이나 몸의 움직임을 단절 없이 재구성하는 것 역시 어렵다.

희곡은 그러나 춤의 일반적인 특성에 대해 유추할 수 있는 언급들을 제공하고 있다. 희곡에 나와 있는 암시들에 따르면 코러스가 잠시 동안 또는 지속적으로 두 개의 코러스로 나뉘어져서 움직이는 경우가 있다. 그리고 개개의 코러스가 완전히 해체되어 움직이는 경우도 있다. 나아가서 희곡은 때때로 코러스의 움직임을 묘사하기도 한다. 중요한 것은 희곡이 운율에 대한 정보를 제공하고 있다는 점이다. 운율을 확인하면 코러스의 움직임을 규정하는 리듬을 파악할 수 있다. 그래서 코러스의 움직임에 있어서 템포나 각 장면의 표현력 등에 대한 최소한의 느낌을 확인할 수 있다.

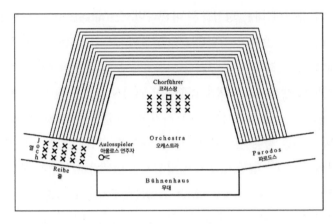

그림 26 코러스가 오케스트라로 등장하는 장면

    비극, 희극, 사튀로스 극에 사용되었던 춤의 양상이 서로 달랐다는 점은 확실하다. 비극에 사용되었던 춤인 에멜레이아(*emméleia*)는 보다 절제되었고 우아함이 강조되었다. 이에 반해 희극에 사용되었던 춤 코르닥스(*kórdax*)와 사튀로스 극에 사용되었던 춤 시키니스(*sikinnís*)는 생기가 넘쳤고 익살스러움이 강조되었다. 그리고 외설적인 측면이 강조되는 경우도 자주 있었다. 그러나 코러스의 춤은 장르와 상관없이 기본적인 구조는 유사했다. 디튀람보스에서 추었던 코러스의 춤이 기본적으로 원형(圓形)의 형태를 유지했다면 연극에서 사용되었던 코러스의 춤은 모두 장르에 상관없이 사각형의 형태를 유지했다(그림 26번).

    비극과 사튀로스 극에서는 처음에는 12명이 코러스로 참여했고, 한 줄에 4명씩 서서 3열로 입장했다. 이후 15명이 코러스에 참여했고, 한 줄에 5명씩 서서 3열로 들어왔다. 희극에서는 24명이 코러스로 참여했고, 한 줄에 6명씩 서서 4열로 들어왔다. 희곡에 암시된 코러스의 춤을 살펴보면 원형의 안무를 짐작할 수 있는 경우가 나온다. 예를 들어 아이스킬로스의 작품 〈자비로운 여신들〉에서 코러스로 등장한 복수의 여신들이 오레스테스를 가운데 두고 노래하는 경우 원형의 안무를 짐작할 수 있다.[18] 이 장면에서 오레스테스는 아테네 여신상에게 청원을 하기 위해 도망을 친 상태이다(307~396행). 그러나 이것은 예외적인 경우이고, 오히려 이런 장면은 규칙을 확인시켜주는 역할을 한다.

아테네의 디오니소스 극장에서 코러스는 관객의 방향에서 보았을 때 오른쪽에 있는 파로도스(*Parodos*, 입구)를 통해 오케스트라로 들어왔다. 코러스 중에 노래와 춤을 가장 잘 추는 사람은 행렬 왼쪽에 위치했다. 이들은 오케스트라로 들어와서 관객을 향했을 때 맨 앞줄에 서서 노래하게 된다. 지휘자 역할을 하는 코러스장은 앞 줄 한 가운데에 자리 잡았다. 코러스가 행진을 할 때는 아울로스 연주자가 맨 앞에 서서 악기를 연주했다. 아울로스 연주자는 모든 코러스의 노래에 반주를 했다. 그리고 노래가 들어가는 부분에서는 항상 아울로스 반주가 포함되었다. 고정된 형식의 코러스 행진은 다른 연극에서도 항상 지켜진 것은 아니었다. 사튀로스 극이나 희극에서 코러스는 자주 해체된 형태로 등장하거나 아니면 2~3명씩 무리지어 등장하기도 했다. 그래서 오케스트라에 모든 코러스가 등장한 이후에야 천천히 대열을 갖추었다.

코러스가 댄서로서 춤을 출 때는 노래 속 이야기를 모방적인 동작, 자세, 움직임 등으로 표현했을 것이다. 아리스토텔레스가 『시학』 1장에서 이야기했던 것처럼 댄서들 역시 리듬을 육체적 움직임

---

18 이 장면에서 복수의 여신들은 다음과 같이 노래한다. "자, 우리 모두 어우러져 윤무(輪舞)를 추자"(〈자비로운 여신들〉, 307행)

으로 전환하는 과정에서 성격(*éthé*), 감정(*páthé*), 행동(*práxeis*) 등을 표현했다. 특히 여기서 중요한 것은 표현적인 제스처(*cheironomía*)라고 할 수 있다. 고대 그리스 시대의 문헌에는 댄서들이 손으로 말을 할 수 있다고 칭찬하는 내용이 나온다. 그리고 후대에는 팬터마임에 대한 글에서도 비슷한 내용이 나온다(156~159쪽 참고). 표현적인 제스처가 얼마나 세세하게 행동을 모방했는지 우리는 알 수 없다. 대부분의 무용 동작(*s-chémata*) 명칭들을 살펴보면, 우리는 고대 그리스의 무용 동작이 매우 양식화된 신체언어를 가지고 있는 고전 발레와 비슷했을 것이라고 짐작할 수 있다. 코러스의 신체언어는 작품의 안무까지 담당했던 작가들에 의해 만들어졌고, 개인적인 방식으로 확대되거나 또는 수정될 수 있었다. 특히 코러스가 중요한 역할을 담당하고 있는 프뤼니코스와 아이스킬로스의 초기 비극에서는 항상 새로운 무용 동작들이 만들어졌다고 한다.

코러스는 매우 드문 경우에만 연극이 상연되는 도중에 오케스트라를 벗어나서 퇴장한 다음 다시 오케스트라로 입장했다. 보통의 경우에는 코러스가 오케스트라에 항상 머물렀는데, 배우들끼리 대화하는 장면에서 무엇을 했는지, 그리고 어디에 위치해 있었는지에 대해서 우리는 정확하게 알지 못한다. 코러스는 많은 장면에서 극의 진행에 직접 참여하지는 않았지만, 이야기를 주의 깊게 지켜보았다. 그리고 관객들이 배우들을 바라보는 시선을 방해하지 않기 위해 코러스가 오케스트라의 한 쪽에 머무르는 것도 가능해 보인다. 코러스가 제스처나 역동적인 움직임을 통해 무대 위 사건에 어떻게 반응하느냐 하는 점 역시 우리는 알지 못한다. 왜냐하면 희곡에는 코러스의 신체적 반응에 대한 암시가 없기 때문이다. 아마도 코러스는 과도한 리액션으로 관객들의 시선을 분산시키지 않으면서 자신의 내

그림 27 아울로스 연주자와 마이나데스. 아티
카 주전자. 기원전 470년 제작. 베를린 국립박
물관 소장.

적인 동요를 표현했을 것이다.

f) 음악

이미 우리가 확인한 것처럼 안무와 마찬가지로 음악 역시 기원전
5세기와 4세기의 고전기 연극에서 중요한 역할을 했다. 특히 연극의
미적인 측면과 관객에게 미치는 감정적인 작용의 측면에서 중요하
다. 하지만 음악 역시 우리에게 남아 있는 것이 없다. 코러스의 노래
뿐만 아니라 모든 낭송과 아리아, 듀엣 등은 아울로스 연주자의 반
주에 맞추어 불려졌다. 아울로스 연주자는 수많은 항아리 그림에서
확인할 수 있는 것처럼 가면을 쓰지는 않았고, 어깨에서 발까지 내
려오는 긴 옷을 걸쳤다(그림 27). 이 옷은 배우들이 입는 옷과 유사
했다. 기원전 4세기의 한 증언에 따르면 아울로스 연주자들의 연주
에는 풍부한 얼굴 표현과 모방적인 신체동작이 병행되었다.

대략 기원전 700년경에 소아시아 또는 시리아 지역에서 그리스로 전파된 아울로스는 제의적 행위나 기타 사회적 맥락에서 솔로 연주나 다른 행위를 반주하는 악기로 사용되었다. 제물을 바치거나 애도의 제의(Klageritual)를 할 때, 향연이나 극장에서 연극을 공연할 때 아울로스는 고대 사회에서 가장 중요한 관악기였다. 그리스에서 아울로스는 보통 두 개의 아울로스를 연결한 더블 아울로스로 연주되었다. 두 개의 아울로스는 독립적인 실린더로 구성되어 있거나 원추형의 관으로 연결되기도 했다. 그리고 두 개의 아울로스는 한 명의 연주자에 의해 동시에 연주될 수 있었다.

고전적인 더블 아울로스는 동일한 길이(약 50cm)를 가지고 있었고, 5개의 구멍이 뚫려있었다. 이 중에서 두 번째 구멍은 아래쪽에 엄지손가락이 닿는 곳에 있었다. 오보에와 마찬가지로 아울로스는 더블 리드(reed, 떨림판)를 가지고 있는 악기였다. 더블 아울로스는 일반적으로 동일한 음역과 동일한 리듬 속에서 같은 소리 또는 멜로디를 동시에 연주했다. 그래서 관객을 사로잡는 연주가 가능했다. 더블 아울로스에서 각각의 아울로스가 독립적으로 대조적인 리듬이나 화음을 들려주는 것이 가능했는지, 가능했다면 어느 정도까지 가능했는지에 대해서는 우리가 알 수는 없다.

아울로스를 연주하는 것은 육체적으로 매우 어려운 일이었다. 기원전 5세기 초에 형성된 것으로 추정되는 신화에 따르면, 아울로스를 발명한 여신 아테네는 이 악기를 연주하는 동안 자신의 얼굴이 얼마나 일그러지는지 알게 된 후 아울로스를 던져버렸다고 한다. 전문적인 아울로스 연주자들은 소위 포르베이아(*phorbéia*, 받침대)라고 불리는 가죽 끈(그림 27번)을 사용했다. 포르베이아의 정확한 기능이 무엇인지는 밝혀지지 않았지만, 아마도 연주자가 머리에 둘러 쓴 다음 얼굴 근육을 보호하고 더블 아울로스의 리드를 고정시키는 목적으로 사용한 것으로 추정된다.

아울로스 연주자들은 연습과정에서 이미 중요한 역할을 했다. 공연을 할 때는 코러스가 오케스트라로 입장하는 것을 이끌었다. 그리고 공연이 끝나면 코러스가 퇴장하는 것을 이끌었다. 그 밖에 아울로스는 연극에서 낭송되는 부분이나 노래되는 부분들을 반주했고, 코러스 또는 배우들이 코러스장과 함께 노래할 때 연주의 시작을 알리고 박자를 규정했다. 이러한 중요한 기능에도 불구하고 아울로스는 오랫동안 언급되지 않았다. 공연의 기록에서조차 아울로스는 언급되지 않았다. 그러나 기원전 5세기 말 연극공연이 전문화 되고, 음악이 다양화되면서 아울로스 연주자는 점점 더 중요하게 인식이 되기 시작했고, 명성까지 얻게 되었다. 유명한 아울로스 연주자 프로노모스(Pronomos)는 그의 이름을 따서 명명된 항아리에서 가장 중심에 위치해 있다(그림 20번). 기원전 4세기에 들어서는 작가나 코레게에게

```
                                    ⌊κατολοφυρομαι⌋
                    ]π̄ ρ  c     ρ́ φ π [
                   ⌊κατολό⌋φυρομαι 𝈬 ματεροc⌊αιμαcαc⌋
                    ]z         ἰz ε δ[
                   ⌊οcαναβ⌋ἀκχενει 𝈬 ομεγα⌊coλβοcου⌋
                    ] π̄ ρ  c     ἰ z [
                   ⌊μονιμο⌋c εμβροτοιc 𝈬 ανα⌊δελαιφοc⌋
                    ] c ρ π̄ c ρ 𝈬 φ c-[
                   ⌊ω ω c τι⌋ςᾳκᾳτουθο α⌊c⌋τινᾳ⌊ξαcδαι⌋
                    ]φ π ρ  π̄      ?[
                   ⌊μ ω ω ν⌋ κατεκλυcεν⊃ ⊃θ⌊εινων⌋
                    ]        ἰ i z [
                   ⌊π ο ν ω ω⌋ν⊃⊃ ω ω c πoντ⌊ουουλα⌋
                    ] ρ     ς́ ρz π̄ φ [
                   ⌊βροιcολεθριοι⌋𝈬⌊c⌋ἡϣγϗ⌊υμαcιν⌋
```

그림 28 음악 악보가 그려진 파피루스
a) 비엔나 G2315 파피루스 원본: 에우리피데스의 〈오레스테스〉 338~344행 악보.
b) 파피루스 텍스트를 옮겨 적은 글.

아울로스 연주자를 고용하는 문제를 맡기지 않고, 배우와 마찬가지로 기회의 균등을 보장하기 위해 추첨을 통해 선정했다.

더블 아울로스 이외에 극장에서 다른 악기들은 드물게 사용되었다. 소포클레스가 쓰고 자신이 주연까지 겸한 〈타미라스〉에 나오는 신화적인 가수 타미라스, 오르페우스, 암피온 등은 리라(Lyra)의 반주에 노래를 한 것이 확실해 보인다. 에우리피데스의 〈박코스 여신도들〉에서 확인할 수 있는 것처럼 타악기 역시 극장에서 자주 사용했다.

아울로스가 연주하거나 반주했던 멜로디는 현재 완전히 잊혀졌다. 그러나 기원전 5세기에 어느 정도 발달된 형태의 악보가 존재했던 것은 사실이다. 우리가 현재 가지고 있는 비극은 일종의 독서용 판본이기 때문에 텍스트 위쪽에 각 음절의 높낮이를 표시하는 기호들이 모두 사라져 있다. 그리스 비극을 기록한 극소수의 파피루스 단편에서 우리는 악보가 함께 기록되어 있는 것을 확인할 수 있지만, 이것들은 멜로디의 단편만을 보여줄 뿐이다(그림 28번). 게다가 현재 전해지는 파피루스들은 모두 기원전 3세기 이후에 만들어진 것이기 때문에 이 악보가 기원전 5세기의 오리지널 음악을 보여주는지, 아니면 비극의 재공연을 위해 새롭게 창작된 음악인지 조차 확정할 수 없다. 그러나 고대의 운율이 장음과 단음이 규칙적으로 반복되는 장단율이었기 때문에 텍스트의 운율적 형식 속에 멜로디의 리듬이 포함되어 있다고 할 수 있다. 결국 음악의 가장 기본적인 형태는 이미 희곡 속에 보존되어 있다고 할 수 있다. 고대 그리스 연극의 음악은 우리에게 완전히 잊힌 것이나 마찬가지라고 할 수 있다. 안무의 경우와 마찬가지로 우리는 음악에 대해서도 개괄적인 수준의 설명만 할 수 있을 뿐이다.

그리스 음악은 장음정과 단음정뿐만 아니라 더 작은 단위의 음정 역시 알고 있었다. 그리고 고전적인 서양음악과 마찬가지로 두 개의 조성 역시 소유하고 있었다. 나아가서 조성을 지시하는 부가어(*harmoniai*)를 다양하게 가지고 있었다. 고대 그리스 음악에서 조성을 표기하는 부가어는 장조(Dur)와 단조(Moll)처럼 소리의 질감(밝고 맑은/어둡고 부드러운)에 따라 표기하지 않았고, 블루스 음계처럼 음악의 장르에 따라 표기하지도 않았다. 오히려 고대 그리스에서는 지명이나 부족의 이름을 따서 조성을 표기했다. 이들 부족은 조성을 만든 사람들일 수도 있고, 이런 조성의 음악을 즐겨 사용하던 사람들을 지칭하기도 한다. 도리스적(Dorisch), 프뤼기아적(Phrygisch), 뤼디아적(Lydisch), 믹소뤼디아적(Mixolydisch) 등의 지명 부가어는 장조나 단조, 블루스 음계 등의 표식처럼 각각 상이한 순서에 따라 장음정과 단음정이 교체되는 것만으로 차이가 나는 것은 아니다. 고대 그리스에서 이들 조성은 리듬, 음역, 멜로디의 길이, 전형적인 멜로디 라인 등에 의해서도 차이가 났다. 나아가서 고대사회에서 조성을 특징짓는 표현 속에는 미적, 윤리적, 감정적 측면과 이에 대한 평가가 내재되어 있다. 그래서 도리스적이라는 부가어는 일반적으로 '진지하고 장엄한' 것이고, 또 '남성적이고 엄격한' 것으로 해석될 수 있다. 뤼디아적이라는 부가어와 이오니아적이라는 부가어는 반대로 '느슨하고 부드러운' 것으로 해석될 수 있다. 믹소뤼디아적이라는 부가어는 '비탄에 찬'이라고 해석될 수 있다. 프뤼기아적이라는 부가어는 '즐거운' 또는 '흥분시키는'으로 해석될 수 있다. 이에 상응해서 조성을 표시하는 부가어는 다양한 맥락에 따라 상이한 의도를 위해 사용될 수 있다. 비극에서는 숭고한 도리스적 조성이나 연민을 불러일으키는 믹소뤼디아적 조성을 주로 사용했다. 노래의 주제나 분위기에 따라 다른 조성을 사용하는 것도 물론 가능했다.

기원전 5세기 말에는 새로운 음정과 조성뿐만 아니라 기존의 조성 체계를 확장하고 연결하거나 조바꿈까지 시도한다. 그리고 리듬의 측면에서 점점 더 복잡한 구조까지 나타난다. 이러한 발전은 다양한 조성이 동시에 연주될 수 있는 아울로스의 발명과 연관이 있다. 그래서 아울로스 연주자는 피리를 교환하지 않고 하나의 조성에서 다른 조성으로 직접 넘어갈 수 있었다. 디튀람보스 경연대회라는 맥락 속에서 형성된 신음악은, 플라톤같은 보수적인 비평가들에 의해 날카롭게 비판되기도 했다. 신음악은 연극 속에 나오는 음악에도 영향을 미쳤다. 음악은 연극 속에서 사용될 경우 오랫동안 전체 작품의 일부로서만 기능했다. 그래서 음악은 원래 언어에 종속되었고 배우의 음성에 반주를 하거나 목소리를 보조하는 역할만을 했다. 아리스토텔레스에 따르면 아울로스는 리라보다 노래의 반주에 더 어울리는 악기라고 할 수 있다. 왜냐하면 아울로스와 인간의 음성은 공통적으로 관악기라고 할 수 있고, 두 가지 악기에서 나오는 소리는 잘 섞이기 때문이다. 나아가서 아울로스는 가수의 실수를 잘 덮어줄 수도 있다. 이러한 아리스토텔레스의 언급에 따르면 아울로스는 코러스나 배우가 부르는 노래와 동일한 멜로디를 연주했다는 사실을 확인할 수 있다. 신음악의 출현과 함께 음악은 말과 동일한 권리를 가지게 된다. 아가톤과 에우리피데스는 음악에서 나오는 새로운 가능성을 이용해서 많은 실험을 했다. 에우리피데스의 후기 비극에는 연(聯)에 따라 구분되지 않고 복합 운율구조를 가진 합창가(Chorlieder)가 등장한다. 이를 통해 우리는 고대 그리스 연극에서 음악이 얼마나 근본적인 변화를 경험했는지 짐작할 수 있다.

II. 로마 시대의 연극

공화정 시대

1. 로마 연극의 성립과 발전

로마에서 연극이 제도 속으로 편입된 것은 기원전 240년이다. 이해에 타렌트(Tarent) 출신의 그리스인 L. 리비우스 안드로니쿠스(L. Livius Andronícus)가 루디 로마니(*Ludi Romani*)[19]에 맞추어서 희곡 작품을 하나 써 달라는 주문을 받았다. 루디 로마니는 주피터 옵미무스 막시무스(*Jupiter Optimus Maximus*)의 명예를 위해 로마에서 열린 가장 오래되었고 가장 중요한 국가적 규모의 축제였다. 키케로는 "로마에서 처음으로 희곡을 연극으로 공연"(『브루투스』 18.72)한 사람은 리비우스 안드로니쿠스라고 강조했다. 그렇다고 해서 기원전 240년 이전에 연극이라는 것이 로마인들에게 완전히 생소한 것은 아니었다. 기원전 750년부터 마그나 그라이키아(*Magna Graecia*)라

---

19 루디는 라틴어 *ludi publici*(Public Games)의 줄임말로 대중의 오락을 위해 펼쳐진 놀이를 통칭한다. 로마에서는 신에게 바치는 제의적 목적으로 전차경주(*ludi circenses*)가 열린 이후로 축제가 개최될 때마다 다양한 루디가 열렸다. 마차 경주, 연극(*ludi scaenici*), 검투사 경기(*ludi gladiatorii*), 동물사냥(*venationes*) 등이 열린 것으로 전해진다. 나아가서 루디는 다양한 놀이가 열린 축제 자체를 지칭하기도 한다.

고 불리던 이탈리아 남부 지방과 시칠리아 지역에는 그리스인들이 정착해 살고 있었고, 로마는 이들과 정치적, 경제적, 문화적 교류를 하고 있었다. 그리고 기원전 4세기 중엽 이후 점점 더 많은 로마인들이 외교적 확장과 군사적 확장을 통해 이탈리아 남부의 그리스 문화를 알게 되었다. 모든 그리스 문화에서와 마찬가지로 이탈리아 남부 지방에 정착한 그리스인들의 문화에서도 연극은 매우 중요한 역할을 하고 있었다. 이 당시 이탈리아 남부지방에서는 아테네의 연극축제에서 쓰인 작품들이 공연되고 있었다. 아테네 디오니소스 극장에서 초연된 이후 이들 작품들은 여러 지역으로 순회공연을 했고, 각 지역의 극단에 의해 공연이 되기도 했다. 그 밖에 작은 규모의 희극적 연극도 있었다. 이들 작품들은 즉흥적으로 공연된 것이라서 오늘날 우리가 많은 정보를 소유하고 있지는 않다. 이들 작품들은 소위 플리아켄 소극(Phlyakenposse)이라고 불리는 연극과 마임(*Mimus*)이었다. 플리아켄 소극은 도리스 지방 출신의 그리스인들이 고향에서 가지고 온 것이었고, 마그나 그라이키아 지역에서만 공연되었다. 이에 반해 마임(161~164쪽 참고)은 일찍이 로마인들에 의해 수용되었고, 점점 더 많은 사랑을 받게 되었다.

로마의 남쪽 지방에서 연극은 그리스인들이 정착한 도시에서만 공연되었던 것은 아니었다. 오히려 캄파니아 주에 있던 오스칸족(이탈리아 남부지방에 살았던 고대민족)의 거주 지역에서도 연극이 공연되었다. 이 지역에서는 일찍부터 독자적인 형태의 즉흥희극이 발달했다. 이것은 대중적으로 인기를 얻었고 카푸아와 나폴리 사이에 있는 작은 도시 아텔라(Atella)의 이름을 따서 아텔라 소극(*Fabula Atellana*)이라고 불렸다. 이 수준 높은 소극에는 유형화된 인물들이 등장했고, 이들은 오스칸 가면(*personae Oscae*)이라고 불렸다. 네 명의 중요한 등장인물들은 다음과 같다.

- 마쿠스(*Maccus*): 익살광대처럼 생긴 바보.
- 부코(*Bucco*): 뺨을 뜻하는 단어 부카(*bucca*)에서 기원. 뺨이 포동포동한 어릿광대이자 허풍선이.
- 도세누스(*Dossenus*): 영리하고 탐욕이 많은 식객. 도세누스라는 이름이 등판을 뜻하는 단어 도르숨(*dorsum*)에서 왔다는 가정이 맞는다면 도세누스는 등판이 굽은 곱추의 형상을 했을 것.
- 파푸스(*Pappus*): 단순하고 멍청한 노인.

이들은 많은 특성들을 같이 공유했다. 무엇보다 식탐이나 술을 좋아하는 것, 색욕이 강한 것 등은 모두 공통적이었다. 그 밖에 멍청함이라는 특성은 마쿠스와 파푸스가 같이 공유했다.

아텔라 소극은 길이가 짧고, 빠른 장면 전환, 복잡한 갈등, 의외의 결말 등이 나타났다. 그 밖에 가면무도회, 소란스러운 광대놀이, 소박한 외설 등의 특징도 가지고 있었다. 장면들은 오랫동안 마임이나 플리아켄 소극의 경우와 마찬가지로 즉흥연기의 형식으로 만들어졌다. 등장인물의 구도, 소재, 중심적인 상황 같은 전체 이야기의 틀만 고정되었다고 할 수 있다. 기원전 1세기 초반이 되어서야 비로소 문학적인 텍스트를 갖춘 아텔라 소극이 창작되었다. 당시의 대중적인 작가였던 L. 폼포니우스(L. Pomponius)와 노비우스(Novius)의 작품들은 현재 전해지지 않는다. 후대의 단편들과 현재 전해지는 작품명 등을 통해 우리는 초기의 아텔라 소극이 어떤 소재를 다루었는지 대략 파악할 수 있다. 작품명은 보통 전형적인 인물 이름과 이 인물의 속성을 지칭하는 부가어로 이루어져 있었다. 부가어는 작품의 연극적 상황을 암시하고 있다. 추방된 마쿠스, 양자 부코, 검투사 부코, 두 명의 도세누스, 농부 파푸스, 파푸스의 신부. 이들 작품들은 일상적인 삶의 상황이나 소박한 사람들의 문제들을 주로 다루었다. 결혼과 혼수, 결혼과 이혼, 질병과 죽음, 입양과 유산, 농부의 일이나 수공업자의 일 등이 소재로 다루어졌다. 그 밖에 문학적인 아텔라 소극에는 신들이 등장하는 희극이나 신화 패러디가 나타났다. 아텔라 소극은 일찍이 로마로 전파되었고 제정시대까지 대중적인 인기를 누렸다.

로마 남부지방이 이탈리아 연극에 많은 영향을 끼쳤다면, 이에 반해 로마 북부지방 에트루리아인들이 로마의 드라마와 연극에 미친 영향은 미미하다. 역사가 리비우스(Titus Livius Patavinus, 기원전 59년~기원후 17년)는 자신의『로마사』7권에서 기원전 364년 로마인들이 극심한 전염병에서 벗어나기 위해 신들에게 제물을 바치려고 에트루리아 댄서를 로마로 데리고 왔던 일을 언급했다(『로마사』7.2).『로마사』에는 에트루리아 댄서들의 퍼포먼스가 연극이 아니라 제의적 춤이라고 기술되어 있고, 에트루리아 드라마에 대한 언급은 전혀 없었다. 실제로 에트루리아 지방의 벽화를 보면 아울로스 연주자와 음악 연주자, 댄서들, 가면을 쓴 죽은 자들의 수호신 페르수(*Phersu*) 형상이 보인다. 페르수라는 이름으로부터 가면을 뜻하는 라틴어 페르소나(*persona*)가 기원한 것으로 추정된다. 그러나 연극적 장면들은 찾아볼 수 없다. 수많은 테라코타 입상이나 테라코타 가면, 에트루리아 지역의 무덤에서 출토된 연극 공연 장면을 묘사하고 있는 그리스 항아리 등은 모두 그리스 연극에 대한 지식은 보여주지만, 에트루리아인들이 자신들의 독자적인 연극과 드라마를 발전시키지는 못했다는 것을 증명한다.

로마연극사에서 중요한 것은 역사가 리비우스가 로마와 이탈리아에서 기원하는 독자적인 놀이를 언급한다는 점이다. 이 놀이는 연극적인 성격과 자연모방적인 춤의 성격을 동시에 가지고 있었다. 리비우스는 로마의 젊은이들이 에트루리아 댄서의 춤을 모방한 다음, 이 춤에 희극적이고 즉흥적인 대화를 추가했다는 사실을 언급했다. 이것은 소위 페스케니니(*versus Fescennini*)라고 불렸다. 이 단순한 퍼포먼스를 로마 드라마의 직접적인 원형이라고 부를 수는 없다. 하지만 연속적인 대화 속에 연극적 놀이의 싹이 이미 들어 있었다는 사실은 부정할 수 없다. 특히 리비우스가 강조하는 것처럼 거친 유머와 소박한 외설 등이 연극적으로 제시되었다.

결국 기원전 240년에는 국가에 의해 조직된 연극공연이 처음 올라갔지만, 이것은 로마 연극의 공식적인 시작에 불과할 뿐이다. 로마인들은 오랫동안 다양한 형태의 문학적 연극(역자 주: 그리스 연극)이나, 하위문학적(subliterarisch) 놀이(역자 주: 페스케니니)에 이미 익숙해 있었다고 할 수 있다.

2. 연극 제작

a) 축제와 연극 프로그램

유감스럽지만 우리는 극작가 리비우스 안드로니쿠스가 비극을 선택했는지 아니면 희극을 선택했는지 알지 못한다. 그러나 확실한 것은 그의 공연이 매우 성공적이었다는 사실이다. 빠른 속도로 새로운 축제(*ludi*)가 생겨났고, 축제 프로그램에는 보통 연극 공연이 포함되었다. 다음 설명이 보여주는 것처럼 고대 그리스에서는 디오니소스 신을 섬기는 축제에서 연극이 공연되었던 반면, 로마에서는 다른 신들의 명예를 위해 연극 공연이 있었다는 것을 알 수 있다.

1. 루디 로마니(*Ludi Romani*)는 로마에서 가장 높은 신이라고 할 수 있는 주피터 옵티무스 막시무스 카피톨리누스(*Jupiter Optimus Maximus Capitolinus*)를 위해 열렸다. 이 축제는 로마에서 가장 오래된 국가축제 중의 하나였다. 9월에 열렸던 이 축제에서는 원래 전차 경주와 검투사들의 시합만이 개최되었다. 기원전 364년에 연극 공연(*ludi scaenici*)까지 포함된다. 이것은 제의적 춤과 하위문학적 퍼포먼스로 이루어져 있었다. 기원전 240년에 들어서야 그리스 비극과 희극을 개작한 작품이 공연되었다. 기원전 214년에는 4일 동안 연극 공연이 이어졌다.

2. 기원전 220년에 처음 시작된 루디 플레베이(*Ludi Plebei*) 역시 주피터 옵티무스 막시무스에게 헌정된 축제로 11월에 개최되었다. 늦어도 기원전 200년부터 이 축제에는 연극공연(플라우투스의 〈스티쿠스 Stichus〉)이 있었다. 연극 공연은 적어도 3일 이상 계속되었다.

3. 루디 아폴리나레스(*Ludi Apollinares*)는 기원전 212년에 처음 개최되었다. 이 축제는 음악과 문학의 신 아폴로를 위해 열렸고, 처음부터 연극 공연이 포함되었다. 이 축제에서 연극 공연은 적어도 2일 정도 계속되었고, 후대에는 7일 정도까지 지속되기도 했다.

4. 루디 메갈렌세스(*Ludi Megalenses*)는 로마인들이 기원전 204년

부터 소아시아에서 로마에 처음 도입되었던 여신 키벨레(*Kybele*)를 위해 개최했다. 연극 공연이 축제에 포함되었는지에 대해서는 리비우스가 모순적인 언급을 하고 있다. 확실한 것은 기원전 191년 ─ 로마에서 공식적으로 부르는 호칭인 ─ '이다 출신의 신들의 위대한 어머니(*Mater deum magna Idaea*)'를 위한 사원을 봉헌할 때 플라우투스의 〈세우돌루스 Pseudolus〉가 공연되었다는 점이다. 이 작품의 마지막 행(1335행f.)은 연극 공연이 적어도 하루 이상 계속 되었다는 사실을 암시하고 있다. 테렌티우스의 6 작품 중에서 4 작품은 이 축제에서 공연되었다.

5. 루디 케리알레스(*Ludi Ceriales*)는 고대 그리스 신화에서 풍요의 여신 데메테르 여신에 해당하는 로마의 여신 케레스를 위한 축제였다. 케레스 이외에 리베르 신과 리베라 신을 위한 축제이기도 했는데 리베르는 디오니소스, 리베라는 페르세포네와 동일시되었다. 이 축제는 기원전 220년부터 4월에 열렸다. 연극 공연은 이 축제에서 아우구스티누스 황제의 시대에 들어서야 확실하게 열린 것으로 확인된다. 하지만 공화정 시절에 이미 연극은 축제 프로그램에 포함되었을 것으로 짐작된다.

6. 루디 플로랄레스(*Ludi Florales*)는 기원전 238년에 있었던 가뭄 때문에 처음 열린 축제였다. 그리고 기원전 173년부터 연극 공연이 축제 프로그램에 포함되었다. 이 공연은 분명히 마임으로만 이루어져 있었다. 비극이나 희극의 공연에 대해서는 알려진 바가 없다. 고대 그리스에서 연극축제가 모두 겨울과 연초에 열린 반면에(23~29쪽 참고) 로마에서는 4월부터 11월 사이 8개월 동안 열렸다.

기원전 240년부터 기원전 1세기 초까지 로마 공화정 시대에 전성기를 맞이했던 연극이 축제 때 공연되었던 날들의 수가 얼마나 되는지는 오늘날 정확하게 확정할 수 없다. 이것은 우리가 이 시기에 각각의 축제에서 연극이 상연되었던 날이 얼마나 되는지에 대한 정보가 부족하기 때문은 아니다. 여기에는 두 가지의 추가적인 문제들이 있다. 첫 번째로 정기적으로 열린 축제 이외에 비정기적으로 열린 공연들이 있었다. 이것은 특별한 이유에서 국가에 의해 조직되기도 했고, 개인들이 개최하기도 했다. 루디 보티비(*ludi votivi*)는 신에 대한 기원을 하거나 중요한 공공건물이나 신전 등을 봉헌할 때 열린 축제였다. 루디 트리움팔레스(*Ludi Triumphales*)는 군사령관의 승전을 축하하기 위해 열린 축제였고, 개선 행렬의 마지막 화려한 장식으로 기능했다. 루디 푸네브레스(*Ludi Funebres*)는 위대한 사람의 죽음을 기리는 축제였다. 테렌티우스의 6 작품 중에서 2 작품은 기원전 160년 아이밀리우스 파울루스(Aemilius Paullus)의 장례식 기념 연희(Leichenspiel)에서 공연되었다. 아이밀리우스 파울루스는 기원전 168년 마케도니아와의 전투에서 승전해서 마케도니쿠스(Macedonicus)라는 명예로운 호칭을 얻었다. 그리고 두 번째로 이 시기의 실제 연극 공연 횟수는 신들을 위한 축제가─그리고 축제 기간에 열리는 연극이─자주 반복되었다는 점 때문에 정확하게 산정하기가 어렵다. 제의적으로 규정된 축제 진행과정이 훼손되었을 경우 축제의 한 부분이나 전체를 반복하는 것은 당시 자주 있는 일이었다. 이것은 축제의 순서가 혼란을 일으킬 경우 신들의 노여움을 살 수 있다고 생각했기 때문이다. 기원전 214년에서 기원전 200년 사이 15년 동안 루디 로마니는 11회나 반복되었다. 루디 플레베이는 9회나 반복되었다. 이 시기 축제는 한 해에 여러 번 열리기도 했고, 어떤 해에는

7번이나 반복적으로 열린 적도 있었다. 하지만 이렇게 정기적으로 축제가 반복해서 열린 것은 제의적 규정이 지속적으로 위반되었다는 설명만으로 이해하기는 힘이 든다. 오히려 이런 반복은 의도적으로 시도된 것으로 생각할 수 있고, 어떤 연극 공연의 큰 성공이 주요한 요인이 되었을 수도 있다. 예를 들어 플라우투스의 작품 〈허풍선이 군인 Miles Gloriosus〉은 기원전 205년에 처음 공연되었다. 그리고 이 작품이 공연되었던 축제 루디 플레베이는 7번이나 반복되었다.

　이러한 사정 때문에 우리는 연극 공연 횟수를 정확하게 파악할 수 없다. 그러나 연극 공연이 기원전 3세기 후반부터 기원전 2세기 중반까지 수적으로 늘어났다는 사실은 확실하다. 공화정 시대의 드라마의 전성기라고 할 수 있는 이 시기에 약 20일에서 30일 정도 연극 공연이 이루어진 것도 확실하다. 이 수치는 기원전 5세기 아테네 보다 연극 공연이 양적으로 훨씬 더 늘어났다고 할 수 있다. 아테네 주변의 시골 지역에서 개최된 연극 공연까지 감안한다고 하더라도 로마에서 연극 공연이 훨씬 더 많이 열렸다. 공화정 말기에는 일년에 약 50일 동안 연극 공연이 열렸다. 공연이 많이 열리면서 늘어나는 수요를 충족시키기 위해 극작가의 수가 늘어났다는 사실 역시 확실하다. 예를 들어 리비우스 안드로니쿠스, 나에비우스(Naevius, 기원전 285년~기원전 201년), 엔니우스(Ennius, 기원전 239년~기원전 169년) 등의 극작가들은 비극과 희극 중에서 하나의 장르에 더 집중하긴 했지만, 비극과 희극을 동시에 창작했다. 그러나 극작가들은 얼마 지나지 않아서 특정한 장르로 전문화되었다. 플라우투스(기원전 250년~기원전 184년)와 테렌티우스(기원전 190년~기원전 159년)는 희극만을 썼고, 파쿠비우스(Pacuvius, 기원전 220년~기원전 130년)와 아키우스(Accius, 기원전 170년~기원전 90년)는 비극만을 썼다.

당시에 공연되었던 로마의 비극과 희극들은 대체로 그리스 작품들을 자유롭게 번안한 작품이거나 개작한 것이었다. 같은 시기에 빠른 속도로 로마의 독창적인 연극 형식 역시 발전했다. 리비우스 안드로니쿠스의 동시대인이었던 작가 나에비우스는 희극, 그리스 스타일의 비극, 역사극까지 썼다. 예를 들어, 나에비우스는 로물루스와 레무스, 기원전 222년에 있었던 집정관 M. 클라우디우스 마르켈루스(M. Claudius Marcellus)의 켈트족 정복 등에 대한 진지한 연극을 집필했다. 희극 분야에서도 작품의 구조, 소재, 등장인물 등의 측면에서 그리스 희극 스타일에 경도되어서 그리스 원전을 개작한 수준의 작품뿐만 아니라 로마 및 이탈리아의 일상생활에서 기원하는 이야기들이 새롭게 등장하기 시작했다. 후대의 로마 문학사 서술에서는 두 가지 상이한 형태의 비극과 희극을 형용사로 구분했다. 이들 형용사는 각 작품의 대체적인 의상 스타일에서 기원한 것이다. 그리스 희극을 개작한 작품에서 등장인물들은 그리스 식의 의상을 입고 있었다. 그래서 이들 작품들은 전형적인 그리스 식의 상의 이름 팔리움(pallium)에 따라 파불라 팔리아타(fabula Palliata)라고 불렸다. 로마의 일상생활을 다루고 있는 희극작품들은 로마 스타일의 상의 이름인 토가(Toga)에 따라 파불라 토가타(fabula Togata)라고 불렸다. 로마의 역사를 소재로 한 진지한 연극은 파불라 프레텍스타(fabula Praetexta)라고 불렸다. 이것은 로마 시대에 고위 공무원들이 보라색 선이 들어가 있는 토가 프레텍스타(Toga Praetexta)라는 옷을 입었다는 사실에서 유래하는 명칭이다. 그리스 비극을 개작한 작품의 경우에는 대부분 간단하게 비극(tragoedia)이라고 불렸다.

축제에서는 비극과 희극 이외에 즉흥희극도 공연되었다. 로마인들은 사튀로스 극을 수용하지 않았기 때문에, 비극의 공연이 끝나면 일종의 에필로그(exódium)로 — 사튀로스 극 대신에 — 아텔라 소극 (115쪽 참고)을 공연했다. 아텔라 소극이 기원전 1세기에 작가에 의해 희곡까지 창작되었다는 사실을 보면, 당시 로마인들이 소극을 얼마나 사랑했는지 알 수 있다. 마임의 공연은 루디 플로랄레스의 공연에서만 확인된다. 그러나 다른 축제의 프로그램에 포함되었을 가능성도 높다. 공화정 시기에는 드라마 작품이 많이 생산되었지만 지금까지 전해지는 것은 26편의 파불라 팔리아타 밖에 없다. 이 중에서 20편은 플라우투스의 희극이고 6편은 모두 테렌티우스의 희극이다. 비극은 소수의 단편들을 빼고는 완전한 형태로 남아 있는 것이 없다. 아텔라 소극과 마임 역시 전해지는 텍스트가 없다.

그리스와 달리 로마에서 연극 공연은 다양한 축제 프로그램의 일부분이었다. 축제 기간에는 연극 이외에도 전차경주, 권투, 검투사들의 경기, 동물사냥, 외줄타기, 마술사, 다양한 음악 연주 등이 개최되었다. 그래서 로마 연극은 그리스 연극처럼 경연대회에서 다른 작품들과 경쟁하는 것이 아니라 완전히 다른 형태의 오락 프로그램과 경쟁하면서 관객들의 마음을 사로잡아야 했다.

b) 조직과 재정

연극 공연의 조직에 대해서 우리는 충분하게 알고 있지 못하다. 확실한 것은 국가가 축제극을 위해 특정한 금액을 제공했다는 사실이다. 축제를 위한 가건물 극장을 매년 세우고, 축제 프로그램을 구성 하는 일은 오랜 기간 동안 관리들이 담당했다. 특히 고위 관리들은 자기 돈을 들여 국가 소유의 기본시설을 확충했고, 시간이 지나면서 국가와 고위 관리들이 공동으로 축제를 지원하는 경우가 점점 더 늘어났다. 고위 관리들의 공공축제 지원은 정치 경력에 중요한 역할을 했다. 물론 공공축제 지원과 정치적 성공 사이에 인과관계가 존재하는 것은 아니었다. 아테네에서 부유한 시민들이 코레게 직책을 수행(31쪽 참고)하는 것과 마찬가지로 로마에서도 고위 관리들에게 공공축제 지원을 기대했다. 이러한 의무를 이행하는 관리들은 사회적 명망을 얻었다.

축제를 책임지는 관리는 극단 책임자와 계약을 맺었다. 극단은 연극 공연이 제도화된 이후에 연극 공연의 수가 급격하게 증가하면서 빠르게 형성되었다. 극단은 작가로부터 작품을 직접 구입해서 공연을 제작했다. 대부분의 축제들은 이미 4월에 시작되었다. 관리들이 매해 업무를 시작하는 날이 3월 15일이기 때문에 축제는 이들의 업무 시작 후 얼마 지나지 않아 바로 시작되었다. 다시 말해서 2주가 채 되지 않는 준비 기간을 생각한다면 극단의 책임자는 희곡 작품을 미리 구입해서 연습했을 것으로 짐작된다.

3. 극장 건축

로마에서 석조 극장은 기원전 55년에 처음 건축되었다. 공화정 시대의 연극 전성기에 작품들은－고대 그리스에서 처음 150년 동안 그러했던 것처럼－매년 새로 세워진 가설극장에서 공연되었다. 연극이 공연되었던 축제가 언제나 다양한 신들을 위해 열렸기 때문에 도시의 여러 지역에서 연극이 공연되었다. 루디 로마니에서는 처음부터 전차경주가 열렸고, 이것은 대전차 경기장(*Circus Maximus*)에서 공연되었다. 루디 플레베이는 마르스 광장 남쪽에 있는 플라미니우스 원형경기장(*Circus Flaminius*)에서 개최되었다. 두 축제의 연극 공연이 전차경기장처럼 거대한 원형경기장에서 공연되었는지는 확실하지 않다. 오히려 포룸 로마눔(*Forum Romanum*)[20]에서 공연이 이루어졌을 것이라는 추정도 가능하다. 아폴로와 다른 신들을 위한 연극은 그 신들의 성지 주변에서 공연되었다.

역사가 리비우스에 따르면, 기원전 179년(『로마사』 40.51)과 기원전 174년(『로마사』, 41.27)에 극장 건축에 관한 공고문이 공개적으로 발표되었다고 한다. 리비우스는 두 경우 모두 임시적으로 세워진 가건물임에도 불구하고 특별하게 많은 비용이 들었기 때문에 이 공고문을 언급하고 있다. 로마에서는 기원전 154년에 들어서야 비로소 영구적인 극장 건축물에 대한 공고문이 발표되었다. 하지만 원로원은 거의 완공된 극장의 건축을 중단하고, 건축 자재를 경매처분하기로 결정했다(리비우스, 『로마사 요약집 *Epitomé*』, 48). 그리고 후대에 나온 자료에 의하면 당시 원로원은 미래에 누구도 로마와 로마 주변 지역에 연극 공연을 위한 극장을 설치해서는 안 된다고 결정했다고 한다. 원로원은 왜 이렇게 놀라운 결정을 하게 되었을까? 고대 로마의 역사가 아피아노스(Appian)에 따르면 연극 때문에 공공의 도덕이 몰락한다는 점이 가장 중요한 이유였다고 한다. 플라톤(『국가』, 3권과 10권) 이후 연극에 대한 비판에서 항상 언급되었던 이것은 원로원의 결정을 이해하는데 어느 정도 설득력이 있다. 그러나 로마문화가 점점 더 많이 그리스 문화를 추종하는 것에 대한 저항이거나 또는 귀족계급이 극장 경영을 완벽하게 통제하기 위해 원로원

---

20 포룸 로마눔은 고대 로마 시대의 광장으로, 기원전 6세기부터 로마의 정치적, 경제적, 문화적 중심지로 기능했던 곳이다. 이곳에는 다양한 신전부터 집회장, 법원, 원로원, 금전 거래소, 각종 공공건물 등이 들어섰다.

이 이런 조처를 했다는 견해도 존재한다.

플라우투스(Plautus)와 테렌티우스(Terentius)의 희극들과 로마의 3대 비극작가들인 엔니우스(Ennius), 파쿠비우스(Pacuvius), 아키우스(Accius) 등의 작품들이 공연되었던 가건물 극장이 어떤 구조로 이루어져 있었는지에 대해서는 고고학적 근거나 문헌학적 근거가 없다. 로마인들에게는 두 가지 형태의 극장이 극장 건축에서 모델 역할을 했다. 첫 번째로, 시칠리아와 이탈리아 남부지방에는 수많은 석조 극장이 있었고, 이들 극장들은 그리스 스타일을 보존하고 있었다. 그리고 두 번째로, 현재 남아 있는 250여 개의 항아리 그림에서 확인할 수 있는 플리아켄 소극 무대(Phlyakenbühne)가 있었다(그림 21번, 29번).

플리아켄 소극은 각목으로 세워진 낮은 목재 플랫폼 위에서 공연 되었다. 항아리 그림에 따르면 플랫폼 아래에 있는 기둥들 사이에는 수건이나 장식이 들어가 있는 커튼이 쳐져 있었다. 무대 배경으로는 매끄러운 벽이 설치되었다. 이 벽에는 창문이 있을 때도 있었고 없을 때도 있었다. 이 벽이 목재로 된 건물의 전면을 암시하거나 또는 목재나 천으로 된 단순한 형태의 뒷벽을 암시하는지는 확정할 수 없다. 유랑극단은 쉽게 운반할 수 있고 빠른 시간 내에 만들고 해체할 수 있는 단순한 형태의 무대를 선호했다. 배우들은 뒤쪽에 있는 하나 또는 몇 개의 문들을 통해 무대로 등퇴장할 수 있었다. 아니면 무대 앞에 있는 작은 계단을 통해 무대로 올라갈 수도 있었다.

로마에서 초기의 가건물 무대는 이렇게 단순한 형태의 플리아켄 소극 무대를 크고 튼튼하게 만든 것일 확률이 높다. 로마인들은 이런 무대를 유랑극단들의 초청공연을 통해 잘 알고 있었을 것이다. 플라우투스와 테렌티우스의 작품들은 이러한 형태의 무대에서 공연

그림 29 플리아켄 소극 무대. 희극 또는 소극의 한 장면을 보여줌. 무대 가운데 있는 계란에서 헬레네가 태어나는 장면. 폴리아 항아리. 기원전 370년경 제작. 파리 국립박물관 소장.

되었다. 로마의 희극들은 작품 내 공간적 배경을 대부분 도시 내 어느 거리에 있는 두 세 개의 집 앞으로 설정했다. 아니면 집과 신전 앞이라는 배경 하에 공연이 되기도 했다. 플라우투스의 희극 〈밧줄〉만이 바다를 배경으로 하고 있다. 그러나 여기에도 시골집과 신전이 나온다. 그리고 집 안으로 통하는 세 개의 문 앞이나 또는 세 개의 문 중 하나 앞에는 베란다가 설치되어 있었을 것이라는 주장도 존재한다. 그러나 이것이 확실한 것은 아니라고 할 수 있다. 무대에서 보이는 집 뒤에는 상상 속의 골목이 하나 있다고 생각했다. 등장인물들은 이 골목을 통해서 관객들이나 다른 등장인물에게 들키지 않고 자기 집을 빠져나가고 다시 자신의 집으로 들어가는 것이 가능했다. 등퇴장은 무대 배경에 있는 문들과 양쪽 사이드를 통해서 이루어졌다. 현재 남아 있는 26개의 작품들을 보면 도시의 중심은 관객들의 방향에서 오른쪽에 위치했고, 왼쪽은 항구나 낯선 곳, 시골 등으로 가는 길이라고 생각했다. 물론 무대 바깥의 공간을 어느 곳으로 연결시키느냐 하는 것은 암묵적인 약속이었고, 반드시 지켜야 하는 것은 아니었다.

가건물 무대는 도시 전역에 걸쳐 세워졌기 때문에 관객석의 형태와 크기는 매 장소마다 차이가 있었다. 일반적으로 관객을 위해 나무로 만든 벤치나 연단을 무대 바로 앞까지 설치했다. 이것은 코러스가 춤추고 노래하는 오케스트라가 사라졌기 때문에 가능했다. 그리고 가능하다면 각 장소의 자연적인 형태는 그대로 사용되었다. 언덕이나 계단이 있는 경우에는 관객석으로 사용했다. 위대한 어머니 여신 키벨레(*Magna Mater Kybélê*)의 축제는 팔라티노 언덕 위에 있는 신전 앞에서 열렸다. 고고학적인 발굴에 따르면 이곳에 있는 광장의 경우 완전한 형태의 극장을 세우기에는 너무 작았다. 이런 경우에는 관객들이 신전으로 올라가는 계단에 앉아서 연극을 보았을 것이라고 가정할 수 있다.

4. 관객

극장 공연은 무료였다. 공화정 시대에는 누가 어느 좌석에 앉을 수 있는지에 대한 자세한 규칙은 존재하지 않았다. 기원전 2세기 초에는 원로원 의원의 경우에만 좌석이 배정되었다. 이러한 특권의 도입은 기원전 194년에 격렬한 저항을 불러 일으켰다. 그래서 기원전 67년에 들어서야 두 번째 단계로 기사 계급에 속한 사람들이 원로원

의원들을 위한 좌석 바로 뒤 14개의 열에 배정되는 특권을 누릴 수 있었다. 일반적으로 관객들은 극장에 일찍 도착해야 좋은 자리를 획득할 수 있었다. 플라우투스의 작품 서문에는 "잠이 너무 많은 사람은 불평할 필요도 없이 서 있거나 아니면 앞으로 잠을 덜 자도록 하시오"라는 말이 나온다(⟨카르타고 사람 Poenulus⟩, 21행f.). 자유인들이 모두 자기 자리를 잡고 앉기 전까지 노예 계급은 서 있어야만 했다.

다양한 나이와 모든 계급의 남자와 여자로 이루어진 관객은 소란스러웠다. 희곡작품들의 서문은 주의 깊게 보고 들으라는 호소로 시작하거나 끝이 났다. 그 밖에 전령이 등장해서 큰 목소리로 공연의 시작을 알리기도 했다(⟨바보들의 희극 Asinaria⟩, 4행, ⟨카르타고 사람⟩, 11행). 공연 포스터나 프로그램은 존재하지 않았다. 대부분의 관객들에게는 극장에서 자기가 볼 작품에 대한 정보가 없었다. 그래서 작가들은 일반적으로 프롤로그에서 작품의 제목, 그리스 원작의 작가 이름, 작품 내용에 대한 간략한 설명을 했다. 때로는 작품이 어떤 종류의 작품인지에 대해서도 언급이 있었다. 그러나 연극이 프롤로그에서 관객의 관심을 끌었다고 하더라도 관객들이 공연에 끝까지 남아 있으리라는 보장은 없었다. 우리는 테렌티우스의 ⟨장모 Hecyra⟩에 나오는 두 개의 프롤로그를 가지고 있다. 여기에는 배우들이 지난 두 번의 공연동안 작품을 끝까지 공연할 수 없었던 사실을 언급하고 있다. 그래서 세 번째로 공연을 시도한다는 말이 나온다. 첫 번째 공연이 있던 날 관객들은 권투와 줄타기 놀이에 더 흥미를 가졌다. 두 번째 공연 날에는 연극이 끝나자마자 검투사 경기가 시작할 것이라는 소문에 관객들이 가장 좋은 자리를 차지하기 위해 소리치고 싸워서 공연이 중단될 수밖에 없었다.

두 개의 프롤로그는 이 시대의 로마 관객들에 대한 생생한 이미지를 전달해 준다는 점에서 흥미롭다. 나아가서 테렌티우스는 플라우투스에 비해 대중성이 떨어지는 작가였고, 플라우투스의 경우 비슷한 우발적 사건이 없었다는 점 역시 흥미롭다. 프롤로그는 로마의 축제가 여러 날에 걸쳐 열렸을 뿐만 아니라 오늘날의 민중 축제와 마찬가지로 같은 날에 다양한 형태의 오락거리들이 동시에, 그리고 순차적으로 열렸고 연극은 이러한 오락거리들과 경쟁해야만 했다는 사실까지 알려준다. 로마에서 연극이 경쟁해야 하는 오락거리는 앞서 언급한 것들 이외에 음악 공연과 춤이 있었다. 그리고 아텔라 소극과 마임처럼 민중적인 소규모 희극 공연 역시 연극과 경쟁을 했다.

로마 희극의 모범이 되었던 그리스 희극 작품들은 대체로 막으로 나누어져 있었다. 각 막은 작품과 직접적인 연관이 없는 노래와 춤 또는 기악곡에 의해 서로 분리되어 있었다. 그리스 원전을 개작하는 과정에서 이러한 막간극(Intermezzo)은 빠졌다. 로마의 희극작가들은 중간 휴지부를 삭제하거나 또는 짧은 독백과 대화 등을 통해 대체했다. 이것은 희극작가들이 관객을 잃어버릴지도 모른다는 사실 때문에 막간극을 없앤 것이라고 추정할 수 있다.

그럼에도 불구하고 로마의 관객들은 과소평가되어서는 안 된다. 무거운 주제를 다루고 있는 그리스 비극과 희극의 개작들이 대중적인 소극이나 마임과 마찬가지로 관객들의 사랑을 받은 것은 분명하기 때문이다. 특별한 경우에는 그리스 작품들이 원전의 언어 그대로 공연되기도 했다. 그리고 연극을 사랑하는 사람들과 연극 전문가들이 많이 생겨나기도 했다. 그래서 플라우투스와 테렌티우스 같은 작가들은 관객들이 유형화된 인물들이 등장하는 희극(Typenkomödie)의 관습을 이해하고 높이 평가한다는 사실을 알고 있었다.

관객의 수에 대해서는 정확한 파악이 어렵다. 관객의 수는 공연이 이루어지는 장소마다 변화의 폭이 컸다. 그리고 공연을 관장했던 관리가 '자신의' 연극을 위해 얼마나 많은 비용을 들였느냐 하는 점도 중요하게 작용했다. 대전차 경기장(*Circus Maximus*)이나 포룸 로마눔은 축제를 관장하는 신들의 신전 앞 광장보다 더 많은 관객석을 제공할 수 있었다. 고고학적인 발굴에 따르면 루디 메갈렌세스의 경우 약 1,500명의 관객들이 공연을 관람할 수 있었다. 그러나 공화정 시대의 로마 극장은 그리스 극장의 관객 수에는 전혀 미치지 못했다.

5. 연극제작자

a) 작가

로마 연극에서 극작가들은 기원전 5세기 아테네의 연극과는 달리 매우 작은 역할만을 할 수 있었다. 역사가 리비우스는 극작가 리비우스 안드로니쿠스가 "그 당시의 다른 작가들과 마찬가지로" 배우로 활동했다는 사실을 언급했다(『로마사』, 7.2). 역사가 리비우스의 이 말은 리비우스 안드로니쿠스의 동시대인이기도 하고 아텔라 소극의 고향인 오스칸 지역 카푸아(Capua) 출신 작가 나에비우스에게도 해당된다. 극작가 플라우투스 역시 배우 출신일 확률이 높다. 그의 이름 티투스 마키우스 플라우투스(Titus Maccius Plautus)는 일종의 예명이라고 할 수 있다. 마키우스는 아텔라 소극에 등장하는 광대 마쿠스를 지칭한다. 플라우투스(또는 움브리아 지방의 방언에 따라 플로투스 plotus; 플라우투스는 움브리아 지방의 도시 사르시나 Sarsina

출신이다)라는 이름은 "맨발인"이라는 뜻을 가지고 있다. 그리고 마임에 등장하는 배우들 역시 맨발로 무대에 섰기 때문에 '맨발(*planipedes*)'이라고 불렸다. 희극작가들은 자신의 이름을 통해 자신이 민중적인 연극에 등장하는 배우라는 사실을 강조한 것이다. 그리고 작가 스스로가 민중적인 삶에 밀착해 있는 소극에 얼마나 많은 신세를 지고 있는지 암시했다. 이러한 경우들을 제외하면 로마 연극에서 극작가는 단지 희곡을 쓰는 사람의 역할 밖에 할 수 없었다. 자신들의 희곡이 연극으로 제작되는 과정에서 그들은 주변인으로만 머물러 있었다.

b) 제작자

연극의 제작은 악토르(*Actor*)라고 불리는 극단주가 전적으로 책임졌는데, 매니저, 연출자, 제1배우(Protagonist)까지 다양한 역할을 수행했다. 극단주는 극단을 조직하고 재정적으로 극단을 유지했다. 극작가들에게 (그리고 아마도 다른 극단에게서도) 희곡을 구입했고 연극 공연을 책임지는 관리들과 협상을 했다. 희곡을 연극으로 제작하면서 연출과 주인공 역할 또는 중요한 역할 중의 하나를 도맡았다. 로마에서 일이 없을 때는 지방으로 순회공연을 다녔다. 테렌티우스의 프롤로그에서 알 수 있는 것처럼 악토르와 극작가 사이에는 오랫동안 긴밀한 관계가 지속되었다. 테렌티우스의 〈장모〉에 나오는 두 번째 프롤로그에서 악토르 암비비우스 투르피오(Ambivius Turpio) (그림 31a번)[21]는 관객들에게 플라우투스의 동시대인인 카이킬리우

---

21 투르피오는 기원전 2세기에 실재했던 인물이다. 그는 기원전 185년에서 기원전 160년까지 희극배우이자 극단주로 일했고, 그의 극단은 테렌티우스의 작품들을 모두 구입해서 공연한 것으로 전해진다. 〈장모〉의 경우 기원전 160년에 공연했고, 투

스(Caecilius)의 작품들을 성공적으로 공연했다고 자랑한다. 그리고 테렌티우스의 작품들 역시 계속되는 실패에도 불구하고 반드시 흥행시킬 것이라고 말한다. 암비비우스 이외에도 여러 악토르들의 이름이 전해진다. 극작가 플라우투스가 배우일 뿐만 아니라 악토르였다는 주장도 있다. 플라우투스가 자기 작품의 프롤로그에서 테렌티우스와는 달리 한 번도 악토르에 대해서 말하지 않는 것은 이 주장을 뒷받침해 준다.

c) 배우

고대 그리스에서와 마찬가지로 로마에서도 모든 배우는 남자들이었다. 오로지 마임(161~164쪽 참고)에서만 여자들이 여자의 역할을 연기했다. 극단의 규모에 대해서 우리는 자세한 정보를 가지고 있지 않다. 분명한 것은 한 무대에 세 명 이상의 배우가 동시에 등장할 수 없다는 규범(54쪽 참고)이 로마에서는 존재하지 않았다는 점이다. 공연이 그리스와는 달리 경연의 형태로 진행된 것이 아니기 때문에 이 규범이 적용될 필요는 없었다. 그래서 악토르는 원칙적으로 배우들에게 - 그리스 연극처럼 - 일인다역을 요구할 필요는 없었다. 악토르는 순수하게 경제적인 이유에서 그리스 연극의 규범을 수용하지만, 실제 공연된 작품에서 우리가 확인할 수 있는 것처럼 이 규범을 엄격하게 적용했던 것은 아니었다. 플라우투스와 테렌티우스의 작품에서는 자주 세 명 이상의 인물들이 동시에 무대 위에 등장했다. 거기에다 추가로 몇 명의 엑스트라 역시 드물지 않게 등장했

르피오는 극단의 매니저이자 투르피오 역으로 무대에 직접 서서 프롤로그를 했다.

다. 엑스트라들은 보통 말이 없거나 또는 짧은 문장들을 몇 마디 하기도 했다. 현재 남아 있는 26개의 로마 희극들은 모두 4명에서 6명의 배우들만 있으면 공연할 수 있다. 나머지 엑스트라 역은 모든 극단들이 거느리고 있었던 배우들의 식솔이나 실습생, 조수 등이 맡아서 연기했다. 배우들을 위한 연기학교는 없었다. 연기 교육은 극단 내에서 이루어지거나 유명한 배우의 집에서 실시했다. 소규모의 극단은 개별 공연을 위해 추가로 배우들을 임대할 수도 있었다. 극단을 구성하는 인원수와 구성은 매우 다양했다. 그리스처럼 공식적인 연기 경연은 없었지만 많은 극단들과 악토르들은 서로 경쟁을 하기도 했다. 로마 희극 작품에는 종려나무 잎으로 만든 관이나 월계관을 배우들에게 수여했다는 기록이 남아 있다(플라우투스, 〈카르타고 사람〉, 37행; 테렌티우스, 〈포르미오 *Phormio*〉, 17행).

악토르가 자유 시민이거나 해방 노예였다면, 극단의 구성원들은 대부분 신분적으로 노예에 속했다. 연극배우로 무대에 서는 자유 시민은 사회적으로 나쁜 평판을 받으면서 시민의 권리 일부분을 상실했다. 사회적 신분의 측면에서 연극배우에게 가해졌던 이러한 제약은 매 시기마다 조금씩 차이는 있었지만, 고대 연극이 사라질 때까지 계속되었다. 그리고 이러한 제약이 처음부터 있었던 것인지 아니면 어느 특정한 시기에 생긴 것인지는 확실하지 않다. 하지만 고대 그리스와 마찬가지로 로마에서도 연극의 의미가 사회적으로 인정을 받으면서 배우의 명성이나 위상 역시 높아졌다. 공화정 시대의 말기에 키케로와 친분을 쌓기도 했던 명배우 로스키우스 갈루스(Q. Roscius Gallus)나 비극배우 클로디우스 이소푸스(Clodius Aesopus) 같은 경우 많은 돈을 벌 수 있었다. 로스키우스는 정치가이자 장군이었던 술라(Lucius Cornelius Sulla Felix)에 의해 기사계급으로 승급되기도 했다. 전체적으로 보았을 때 로마 시대에는 그리스에 비해 배우의 사회적 지위가 매우 낮았다고 할 수 있다.

d) 티비아 연주자

티비아(*Tibia*)는 고대 그리스의 아울로스와 비슷한 악기이다. 티비아 연주자는 모든 연극 공연에 필요했다. 그래서 극단에 소속되어 있거나 극단이 티비아 연주자를 소유하고 있지 못할 경우 매 공연마다 임대를 했다. 악토르 암비비우스 투르피오(Ambivius Turpio)는 테렌티우스의 희극을 공연할 때 티비아 연주자 플라쿠스(Flaccus)를 고용했는데, 그는 클라우디우스라는 가문의 노예였다. 플라우투스의 희극 〈스티쿠스〉 공연을 위해 고용된 티비아 연주자 마르키포르(Marcipor)는 오피우스라는 가문의 노예였다.

e) 기타 공연 관계자들

희곡 작품을 보면 우리는 다양한 공연 관계자들이 존재했다는 사실을 확인할 수 있다. 플라우투스의 〈바보들의 희극〉 프롤로그에는 극장 장내 정리인에게 "관객들이 무대에 집중하도록 해라"고 명령하는 장면이 나온다(4행). 극장 정리원은 극단에 속해 있지 않았다. 축제를 관리하는 공무원에 의해 직접 배치되었고, 모든 비용을 공무원이 지불했다. 코라구스(*Chorágus*) 역시 독립적인 존재였다. 이 그리스 단어는 로마에서는 그리스 연극에서처럼 공연의 제작비용을 대부분 부담하는 부유한 시민 '코레게'를 뜻하지 않는다(31쪽 참조). 로마 연극에서 코라구스는 의상과 액세서리를 대여해주는 사람을 말한다. 코라구스가 의상이나 소품뿐만 아니라 무대까지 제작했을 것으로 짐작할 수는 있지만 확실한 사실은 아니다. 그 밖에 플라우투스의 〈암피트리온〉 프롤로그에는 극장 경비원에 대한 언급이 나온다(65행). 하지만 극장에서 경비원이라는 직책이 항상 존재했는지는 확실하지 않다. 〈카르타고 사람〉 프롤로그에는 극장 안내인이 언급된다(19행f.). 공화정 시대에는 극장에서 누가 어떤 자리에 앉아도 되는지에 대한 엄격한 규칙이 없었다. 그래서 극장 안내원은 기원전 194년 원로원 의원을 위한 좌석이 특별히 생겨난 이후, 원로원 의원을 자리로 안내하는 역할을 했다.

6. 무대 상연

a) 의상과 가면

플라우투스와 테렌티우스의 희극은 그들이 모방했던 그리스 원전과 마찬가지로 아테네와 기타 다른 그리스의 도시를 배경으로 공연되었다. 그래서 등장인물들은 그리스의 일상복이라고 할 수 있는 튜니카(*tunica*)와 팔리움(*pallium*)을 입었다(그림 30번).

튜니카는 발목까지 내려왔고, 마나 순면으로 제작된 속옷이었다. 소매는 없거나 아니면 - 여자용일 경우에는 - 있는 경우도 있었다. 이 옷은 머리까지 덮을 수도 있었고 혁대를 이용해서 허리춤에 고정할 수도 있었다. 튜니카는 유일한 의상이었다고 할 수 있다. 일반적으로 배우들은 작품이 대부분 야외를 배경으로 공연되었기 때문에 튜니카 위에 상의 팔리움을 걸쳤다. 팔리움(또는 팔라 *Palla*)은 면으

그림 30 공화정 시대 희극의 의상. a) 젊은 남자(나폴리 국립박물관 소장) b) 고급 창녀(Hetäre; 타란토 박물관 소장) c) 노예(보스턴 미술관 소장)

로 된 큰 천 하나로 되어 있었다. 배우들은 이 천을 몸에 감싼 다음 어깨 위로 이음쇠를 이용해서 고정시켰다. 노예, 수공업자, 군인, 여행자, 이방인들을 위해서는 긴 팔리움 이외에 길이가 짧은 외투 클라미스(Chlamýs)도 있었다. 등장인물들은 가볍게 줄로 묶은 샌달(Soleae)이나 슬리퍼(Socci)를 신었다.

남자와 여자는 거의 동일한 옷을 입었기 때문에 개인적인 디테일이라고 할 수 있는 보석이나 모자 같은 전형적인 소품들을 통해 차별화 했다. 무엇보다 색깔을 통해 남성과 여성이 외적으로 구분되었다. 각종 백과사전에 수록된 리스트들에 따르면 특정한 캐릭터에는 특정한 색깔을 부여했다고 한다. 하지만 이들 리스트는 대부분 후대에 작성된 것이기 때문에 플라우투스와 테렌티우스의 희극의 경우에는 구체적인 증언을 하고 있지는 못하다. 희곡 역시 이러한 지점에서는 큰 도움이 되지 못한다. 희곡 속의 등장인물들이 다른 등장인물을 묘사하는 경우가 가끔 있지만 이것들은 등장인물의 옷이나 외양에 대한 묘사보다는 대부분 신체적인 디테일이나 가면에 대한 언급만 나온다. 사랑에 빠진 젊은이가 돈을 주고 자신의 애인을 희롱한 남자가 어떻게 생겼는지 친구에게 물어보는 장면이 있다. 이 장면에서 친구는 다음과 같이 답한다. "머리카락은 회색이었고, 다리는 꾸부정했다. 배불뚝이였고, 엉덩이 역시 뚱뚱했다. 검은 색 눈을 가진 키가 작은 놈이었다. 턱 뼈가 길쭉했고, 옆으로 넙대대한 발을 가지고 있었다."(플라우투스, 〈상인 Mercator〉 639행f.)

로마의 극작가들이 그리스의 작품들을 수용하는 과정에서 의상 이외에도 가면까지 수용했는지에 대해서는 서로 모순되는 증언들이 고대부터 전해지고 있다. 이 질문에 대한 대답은 오늘날까지 명확하게 결정되지 못했다. 그러나 로마인들은 그리스의 가면과 가면극을 이미 오래전부터 잘 알고 있는 상황이기 때문에 그리스 연극을 수용하면서 실용적인 가면을 포기할 이유가 없을 것이다. 그 밖에도 다양한 논거들이 그리스 연극의 가면을 수용했을 것이라는 주장을 설득력 있게 뒷받침한다. 그렇기 때문에 이 가정을 뒤집는 증거가 나오기 전까지는 로마에서도 모든 형태의 연극에서 가면을 사용했을 것이라고 가정할 수 있다. 최근에는 로마의 그리스 가면 수용을 인정하는 견해가 더 지배적이다. 유일한 예외는 마임(*Mimus*)이라고 할 수 있다. 오늘날 남아 있는 고대의 증언에서도 마임의 경우에는 예외적으로 가면을 사용하지 않았다는 것을 알 수 있다.

폴룩스(Julius Pollux)의 백과사전 『오노마스티콘(Onomastikón)』(기원후 2세기)에는 신희극에 사용되었던 가면 44개가 나온다. 이 책에서 폴룩스는 9개의 노인 가면, 11개의 청년 가면, 7개의 노예 가면,

3개의 노파 가면, 14개의 처녀 가면을 언급했다. 차이를 강조하는 특징으로는 머리 색깔(흰색, 회색, 어두운 색), 머리카락의 양과 머리 모양(머리카락이 많은, 머리카락이 듬성듬성한, 머리가 벗겨진, 대머리, 곱슬머리), 피부색(밝은, 어두운), 눈썹(일반적인, 하나 또는 양쪽이 위로 치켜 올라간), 얼굴표정(친절한, 불친절한, 즐거운, 슬픈, 성을 잘 내는) 등이 있다. 44개의 가면 리스트는 백과사전이 출판된 해보다 350년 이전인 공화정 시대의 연극 가면을 모두 설명한 것이라고 가정할 수는 없다. 그렇지만 이 리스트는 — 후대에 작성되었던 의상리스트와 마찬가지로 — 공화정 시대의 희극들이 공연될 때 가면을 어떻게 구분했는지 파악할 수 있는 모델을 제공해준다고 할 수 있다.

그림 31 테렌티우스 희곡 필사본(Codex Vaticanus Latinus 3868) 삽화. 바티칸 도서관 소장. a) 테렌티우스 시대의 유명한 배우이자 극단주 투르피오가 프롤로그에 해설자로 등장한 모습. b) 테렌티우스의 희곡 〈형제들〉에 나오는 모든 인물들의 가면.

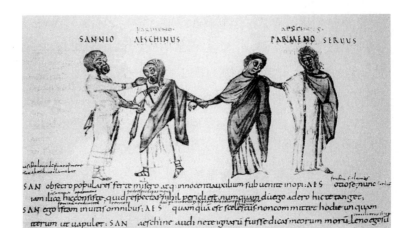

그림 32 테렌티우스 희곡 필사본(Codex Vaticanus Latinus 3868) 삽화. 테렌티우스의 희곡 〈형제들〉 2막 1장.

이것은 중세시대에 작성되었던 테렌티우스 필사본에 나오는 그림의 경우에도 동일하게 적용할 수 있다. 현재까지 전해지는 6개의 작품 서두에는 언제나 모든 등장인물들의 마스크가 등장순서에 따라 묘사되어 있다(그림 30b번). 그 밖에도 모든 장면 앞에는 가면과 의상을 입은 등장인물들이 전형적인 포즈로 묘사되어 있다(그림 31번).

이들 그림들은 고대 그리스 로마 시대의 말기에 제작된 어느 필사본을 복사한 것으로 보인다. 그리고 이들 필사본은 다시 그 이전의 판본을 참고해서 만들어졌을 것이다. 그래서 로마 공화정 시대의 희극에서 가면과 의상이 어떻게 제작되었는지에 대해 이들 그림이 정확한 정보를 줄 수는 없다. 그럼에도 불구하고 우리는 이 그림을 통해 인물들의 외양이 어떠했는지 어느 정도 확인할 수 있다.

다른 장르에서 가면과 의상이 어떻게 사용되었는지에 대해 우리는 거의 정보가 없다고 할 수 있다. 로마와 이탈리아를 배경으로 공연되었던 파불라 토가타(122쪽 참고)에서 등장인물들은 로마와 이탈리아 사람들이 즐겨 입던 일상복을 입고 무대에 등장했다. 비극의 경우에는 헬레니즘 시대의 그리스 비극처럼 격정적인 표정의 온코스 가면(Onkosmaske; 72쪽 참고)과 굽이 높은 장화 코투른(Kothúrn)이 특징적이었다. 비극의 의상이 희극과 다른 것은 충분히 개연성이 있는 것으로 생각된다. 이것은 플라우투스의 〈포로들 Captivi〉 프롤로그에 나오기도 한다. 이 작품의 프롤로그에서는 관객들에게 진지한 작품이 공연될 것이라고 한 다음, 다음과 같은 말로 관객을 안심시킨다. "우리가 이런 옷을 입고 갑자기 비극을 공연하려고 시도하는 것은 적절하지 않아 보입니다."(61행f.) 비극과 희극의 의상이 어떤 차이가 있었는지 우리는 알지 못한다. 그러나 온코스 가면이나 코투른 등을 놓고 생각해 보았을 때 비극의 의상이 희극의 의상보다 훨씬 더 화려하고 비싼 소재를 사용했거나 그렇게 보였을 것으로 가정할 수는 있다. 로마 초기 역사나 현대사 이야기를 소재로 만든 역사극 프레텍스타에서는 등장인물들이 고위 관료들만 입을 수 있었던 보라색 줄이 들어간 토가(Toga)를 입고 무대에 나왔다.

민중적인 희극에서 배우들이 어떤 의상을 사용했는지 우리는 거의 알지 못한다. 아텔라 소극과 마임의 경우에는 아마도 일상적인 의상을 그대로 사용했을 것이라고 짐작할 뿐이다. 아텔라 소극의 가면들은 희극의 가면보다 비현실적이고 그로테스크 했다. 의상의 경우에도 이 원칙은 변함이 없었다.

b) 소품과 기계들

희곡, 고고학 자료, 문헌 자료 등을 통해 살펴보았을 때 대부분의 소품은 의상의 한 부분으로 취급되었다. 보석이나 특별한 모자, 두건 뿐만 아니라 유형화된 인물을 표시하기 위한 도구 역시 마찬가지이다. 예를 들어 늙은 노인 역할만이 지팡이를 들었다. 군인 역할은 군도(軍刀)를 차고 나왔고, 요리사는 일반적으로 냄비나 프라이팬, 요리재료로 사용할 짐승을 들고 나왔다.

그 밖에 작품의 줄거리에서 중요한 의미를 지니고 있는 소품 역시 사용했다. 보석이나 다른 중요한 물건들이 들어 있는 상자나 가방 등이 사용되기도 했는데, 이 가방에 들어있는 물건들은 버려진 아이의 정체성을 확인하는데 중요한 역할을 하게 된다. 플라우투스의 〈쿠르쿨리오 Curculio〉에서는 포도주 항아리가 등장하는데, 포주의 늙은 하녀가 이 포도주 항아리 앞에서 세레나데를 부른다.[22] 플라우투스의 〈금단지 Aulularia〉에서는 금화가 가득 찬 항아리가 등장하는데, 이 항아리 때문에 극중에서 다양한 혼란이 생기다가 해피 엔드로 끝난다. 그리고 제단이 나오기도 하는데, 노예들이 자신의 간계가 실패로 돌아갈 것처럼 보이면 주인의 벌을 피하기 위해 제단으로 가서 피난처를 찾는다.

공화정 시대의 비극은 지금 현재는 완전히 소실되어 전해지는 작품이 하나도 없다. 하지만 비극에서도 이러한 소품들이 사용되었을

---

22 〈쿠르쿨리오〉 1막 2장에서 주인공 파에드로무스는 자기가 사랑하는 플라네시움을 만나기 위해 포주 카파독스의 집으로 간다. 파에드로무스는 포주의 집 문지기가 포도주를 좋아한다는 이야기를 듣고, 포도주 항아리를 들고 간다. 문지기이자 늙은 하녀 레아에나는 등장하자마자 술 냄새를 맡고, 포도주를 칭송하는 세레나데를 부른다. "오래된 포도주의 달고 단 향기가 나는구나. 향기가 나를 이끌어 이 밤에 밖으로 나왔다. 이 향기가 너무 좋아, 가지고 싶어."(97~99행) 그리고 포도주 항아리를 받아 통째로 마신 다음, 그 대가로 플라네시움을 밖으로 데리고 나와 연인들이 만날 수 있도록 해 준다. 이 장면에서 늙은 하녀의 사랑 노래는 두 연인의 속내를 대변하고 있고, 포도주 항아리는 두 연인을 맺어주는 매개체 역할을 하고 있다.

것이라는 사실은 확실하다. 로마의 비극작가들 역시 그리스 작품과 함께 공연에 필요한 각종 기계장치들(88~96쪽 참고) 역시 수용했을 것이라고 생각할 수 있다. 하지만 신의 기계적 출현을 위한 기중기, 실내에서 벌어진 사건을 밖으로 드러내기 위해 필요한 굴림무대 등이 로마 극장에서 사용되었다는 증거는 아직 없다. 이에 반해 신이 갑자기 출현할 때 번개와 천둥 효과를 내기 위한 장치가 존재했다는 것은 확실하게 입증되었다.

c) 음악

플라우투스와 테렌티우스가 개작했던 그리스 희극에서는 음악이 막간에 연주되었던 간주곡(Intermezzi) 형태로만 존재했다. 그러나 로마 희극에서 음악은 핵심적인 역할을 하게 된다. 대부분의 운문 텍스트는 티비아의 반주에 맞추어서 노래되었다.

플라우투스의 희곡에서 단장 3보격 운율(Iambic senarius)로 된 시행은 배우가 '대화'로 말했다(전체 희곡에서 약 40% 차지). 단장격 운율과 장단격 운율로 된 긴 시행은 낭송시(Sprechvers) 형식으로 '낭송'했다(전체 희곡에서 약 50% 차지). 그 밖에 다양한 운율로 되어 있는 서정적인 운문들은 '노래'했다. 온전하게 전해지고 있는 플라우투스의 작품 중에는 60개 이상의 노래(Cantica)가 포함되어 있고, 이들 노래는 그의 작품에 모두 등장한다. 아리아들은 자주 주인공에 해당하는 인물들이 불렀다. 그리고 조역들에게 특별한 액센트를 주기 위해 사용된 아리아도 있었다. 전형적인 인물들에 해당하는 군인, 식객, 요리사 등은 절대로 노래하지 않았다. 플라우투스의 희극은 언어극 보다는 오페레타나 뮤지컬에 훨씬 가까운 악극(Singspiel)

이라고 할 수 있다.

대화로 전달하는 부분과 낭송하는 부분, 노래하는 부분 사이의 관계는 작품마다 조금씩 차이가 있다. 그러나 음악적인 요소가 작품에서 중요한 역할을 하는 것은 공통적이다. 음악이 있는 장면과 음악이 없는 장면이 교체되어 나타나는 현상은 플롯의 구조를 규정하고 있다고 할 수 있다. 이것은 인물들의 등장 및 퇴장과 긴밀한 관계를 맺고 있기도 하다. 그리고 음악은 극적인 측면이나 감정적인 측면에서 중요한 순간을 강조하기 위해 사용하기도 했다.

테렌티우스의 경우에는 '대화'로 전달하는 운문(die gesprochenen Verse)의 양이 50%가 넘었다. 그래서 플라우투스보다 훨씬 대화가 많이 사용되었다. 그는 노래는 거의 사용하지 않았다. 그 대신 낭송되는 부분에서 운율과 리듬의 교체를 통해 생생한 이중창이나 삼중창을 연출했다. 플라우투스는 운율이나 리듬을 교차시키는 기술은 사용하지 않았다.

그리스 비극에서는 기원전 5세기에 이미 코러스의 역할이 점차 줄어들었다. 코러스의 역할이 줄어드는 대신 배우들의 노래가 늘어났다. 공화정 시대의 로마 비극이 우리에게는 전혀 전해지지 않기 때문에 우리는 음악이 로마 비극에서 어떤 역할을 했는지 정확하게 규정할 수는 없다. 현재 전해지는 단편이나 작품의 제목을 통해 유추해 보았을 때 로마의 비극작가들 역시 코러스를 사용했다는 것을 알 수 있다. 희극작가들과 마찬가지로 아리아와 이중창을 썼고, 그리스 비극 작가들의 전례를 따라 말하는 부분(Sprechpartien)을 티비아 반주에 맞춰 부르는 낭송(recitativo) 형식으로 전환시켰다. 로마 비극에서 코러스는 이제 오케스트라가 아니라 무대 위에서 배우들과 함께 연기했다. 그러나 이 코러스가 그리스 연극에서와 마찬가지의 인원수로 참여했는지, 무대 위라는 한정된 공간 위에서 춤을 췄는지 아니면 노래만 불렀는지 우리는 알 수가 없다. 플라우투스의 희극에서는 개개의 인물이나 몇몇 인물들이 함께 춤을 추는 장면들이 나온다. 비극에서도 마찬가지였을 것이다.

티비아 연주자는 공연에서 매우 중요했다. 그래서 작품의 기록에 보면 제1배우의 이름 바로 다음에 티비아 연주자의 이름이 등장했다. 티비아 연주자가 낭송하는 배우나 노래하는 배우의 옆에 그림자처럼 서서 악기를 연주했는지는 확실하지 않다. 키케로(『무레나를 위하여 Pro Murena』, 26), 호라티우스(『시학』, 215), 퀸틸리아누스 (『웅변교수론』, 7, I, 51) 등은 이와 유사한 언급을 하고 있지만, 이것이 확실한 사실인지는 알 수 없다.

연극에 사용된 음악은 오늘날 전해지지 않는다. 티비아 연주자들은 즉흥연주로 낭송 부분을 반주한 것이 아닐까 생각할 수도 있다. 낭송의 반주에서는 리듬과 음역을 견고하게 유지되도록 하고 희곡의 내용을 강조하는 것이 중요했다. 리듬이나 음악적으로나 복잡했던 노래에서는 티비아 연주자들이 직접 작곡까지 했을 것으로 생각된다.

제정 시대

1. 극장건축, 조직 및 재정

공화정 시대에 연극의 전성기는 기원전 1세기 초에 끝난다. 하지만 연극의 대중성이 사라지지 않고 오히려 더 많은 사랑을 받기 시작했다는 것은 놀라운 일이라고 할 수 있다. 이 시기에 연극 공연

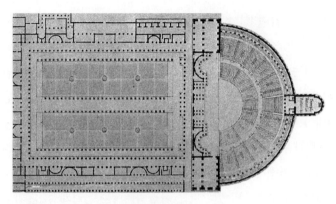
그림 33 로마 폼페이우스극장 평면도

횟수는 점점 더 늘어갔다. 많은 배우들은 명예와 부를 얻었다. 그리고 임시로 건축된 극장 건물들은 점점 더 대규모로 발전했다. 당시의 증언에 따르면 사실주의 스타일의 무대장치에 대한 경탄도 확인할 수 있고, 황금, 은, 상아 등을 이용한 화려한 무대 장치까지 전해지고 있다. 그리고 무대 위에 3층으로 된 집을 세운 다음 360개의 기둥과 수천 개의 조각상으로 장식되어 있었던 거대한 극장까지 언급되고 있다. 이러한 발전 과정에서 최고 정점은 로마에 처음으로 건축되었던 폼페이우스 석조극장이라고 할 수 있다. 이 극장은 폼페이우스(Gnaeus Pompejus Magnus, 기원전 106년~기원전 48년)가 권력의 정점에 서 있을 때에 건축한 것이다(그림 33번). 이 극장은 기원전 55년에 완공되었다.

　오늘날 로마의 이미지에 여전히 족적을 남기고 있는 폼페이우스 극장은 거대한 극장 컴플렉스(Theaterkomplex)23이자 로마 극장의

---

23 폼페이우스 극장은 극장 이외에 비너스 신전, 거대한 규모의 공원과 주랑이 붙어있는 복합 건축물이었다(그림 33번 참고).

모델이라고 할 수 있다. 그리스 극장과는 구조적으로 유사한 면이 있지만, 많은 점에서 차이를 보인다(그림 34번). 관객석(*cávea*)과 무대(*scaena*)는 그리스 극장과는 달리 폐쇄된 건축 구조를 통해 연결되었다. 그리스 극장에서는 오케스트라 양쪽에 있는 넓고 열린 출입구 파로도이를 통해 관객석과 무대가 분리되었다면, 로마 극장에서는 반원형의 관객석과 오케스트라가 빈틈없이 연결되었다. 그리고 헬레니즘 시대의 그리스 극장에서는 무대 위에 세워진 건축물이 1층까지 밖에 올라가지 않았다면, 로마극장에서는 화려하게 장식이 된 높은 건물 '스케네 프론스(*scaenae frons*)'가 세워졌다. 무대 위에 건축물을 세우는 것이 아니라 벽을 세우는 경우도 있었는데 이 경우에도 벽을 매우 높이 세웠다.

관객석은 그리스 극장과 마찬가지로 2층 또는 3층으로 이루어졌고, 회랑을 통해 구분되었다. 그리고 수직방향의 계단을 통해 블록(*Cunei*)으로 구분되었다. 로마극장은 일반적으로 산비탈이 아니라 평지에 건축되었다. 폼페이우스 극장도 로마 마르스 광장(*Campus*

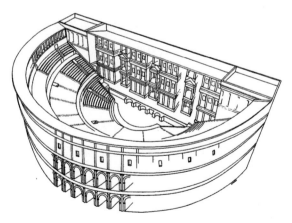

그림 34 로마 극장 모델(Malyon의 스케치)

Martius)에 세워졌다. 로마 극장은 거대한 규모의 하부구조 위에 지어졌다. 극장 외부에서 보았을 때, 로마 극장은 2층 또는 3층 규모의 아케이드 천장과 기둥으로 장식된 전면이 특징이다(그림 34번). 관객들은 극장 안으로 들어올 때 아케이드 복도를 통해 들어왔다. 그리고 자신의 자리를 찾기 위해 복도, 계단, 출입구(*Vomitoria*)를 지나가야만 했다. '구토하다, 침을 뱉다'는 뜻의 라틴어 보미토리아(*Vomitoria*, 출입구)는 관객들이 극장 안으로 동시에 입장하는 것을 지켜보면 토사물이 쏟아져 나오는 것처럼 보여서 그런 이름이 붙었다. 입장료는 무료였다. 관객의 신분에 따라 앉을 수 있는 자리는— 공화정 시대와는 달리—엄격하게 구분되었다. 좌석 규정이 잘 지켜지는지 통제하는 극장 경비원도 있었다. 그러나 경비원들이 이 일을 얼마나 잘 수행했는지는 확실하지 않다.

오랜 세월동안 지속되었던 시민전쟁의 혼란이 지난 다음 사회적 질서의 구조를 재정비한 것은 아우구스투스(Augustus; 기원전 63년~기원후 14년)였다. 그는 극장과 원형극장의 자리규정을 새로 만들었다. 맨 앞에 있는 폭이 넓고 평평한 계단에는 원로원 의원과 주빈을 위한 특별 좌석이 설치되었다. 이 자리들 뒤편에는 관객석(*Cávea*)과 분리시켜주는 낮은 벽을 설치하기도 했다. 신분이 높은 사람들은 관객석과 무대 사이에 있는 아케이드 복도를 통해 극장으로 들어왔다. 양쪽에 있는 출입구 중에서 왼쪽 입구에는 축제를 관장하는 관료가 자리를 잡았다. 이 자리는 공연을 관람하기에는 좋은 자리가 아니었지만, 자신의 권력을 과시하기에는 최적의 자리였다.[24] 원로원 의원 뒤에는 기사, 관료와 하인들, 성직자들, 종교적 협회와 세속적 협회

---

24 극장에 온 관객들에게 잘 보이는 자리라는 말이다.

(*collegia*)의 회원들이 자리를 잡았다. 가운데 층에는 로마 시민들이 화려한 흰색 토가를 입고 자리를 잡았다. 가장 위층에는 풀라티 (*pullati*)라고 불리는 하층민들이 자리를 잡았다. 풀라티라는 이름은 이들이 입고 있는 어두운 색의 일상복 이름에서 기원한다. 이들보다 뒤에 앉은 사람들은 극장 맨 위층으로 쫓겨난 여성들이었다. 그리고 맨 뒤편 좌석 위에 있는 복도에는 노예들이 서서 관람했다. 각 층의 내부에서도 세부적인 구분이 있었다. 병사들은 독립적으로 구분되어 있는 좌석을 가지고 있었다. 결혼한 남성과 결혼하지 않은 남성 또한 구분해서 착석했다. 자유 시민의 미성년 남자아이들과 이들의 가정교사들을 위한 자리는 하나의 블록으로 따로 만들어졌다. 좌석 규정은 시대의 변화에 따라 조금씩 수정되기는 했지만 이어지는 세기에도 유효했다. 사회적 질서를 반영하고 있는 이러한 좌석 규정은 로마제국이 지배했던 다른 지역의 도시들에서도 마찬가지로 나타났다.

관객석 꼭대기에는 돛대를 설치한 다음, 햇볕을 막는 천막을 쳤다. 이 천막은 해가 움직이는 것에 맞추어서 이동하면서 그늘을 만들었다.

헬레니즘 시대의 무대가 바닥으로부터 3m에서 4m까지 높은 단위에 지어졌다면 로마 극장에서 무대(*Pulpitum*)는 상대적으로 높이가 낮고, 폭이 매우 넓었다. 폼페이우스 극장의 경우 폭이 100m였다. 이에 반해 깊이(역자 주: 무대 앞에서 뒷벽까지의 거리)는 매우 얕았다. 무대와 객석 사이에는 높이 3m 정도의 무대막이 설치되었다. 무대막은 망원경처럼 여러 개의 막대기가 겹쳐진 봉을 이용해서 연극이 시작할 때 무대 앞쪽의 좁은 도랑에 접혀져서 내려갔다가, 극이 끝나면 다시 위로 올라왔다.

무대 뒤편에는 거대한 스케네 프론스가 세워졌고, 스케네 프론스에는 하나의 중앙문(*regia*)과 두 개의 옆문(*hospitalia*)이 있었다. 무

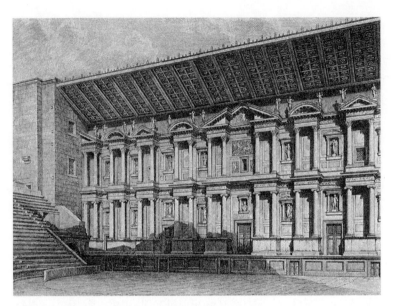

그림 35 아스펜도스 극장의 무대 지붕 복원도

대와 객석이 연결되는 지점의 각 측면에 문이 설치되어, 이 문을 통해 무대로 진입할 수도 있었다. 로마 극장의 스케네 프론스는 가장 화려한 볼거리였다. 스케네 프론스에는 둥글거나 각진 벽감(壁龕; Nische)이 들어섰고, 기둥과 조각상 등으로 장식되기도 했다. 터키 팜필리아 평원에 있는 아스펜도스(Aspendos) 극장에서처럼 스케네 프론스 꼭대기 부분에 지붕이 설치되었는지는 확실하지 않다. 이 지붕은 소리를 관객석으로 더 잘 전달해주는 역할을 했을 것으로 추정된다(그림 35번).

　폼페이우스는 극장 객석의 상층부 중앙에 비너스 신전을 설치했다. 극장에 신전을 설치한 것은 석조 극장 건설 금지규정을 피하기 위한 방법이었다고 전해진다. 테르툴리아누스(『스펙터클에 대해서 *de spectaculis*』, 10.5)는 폼페이우스가 극장 건축을 반대하는 사람들에게 극장을 짓는 것이 아니라 신전을 짓는 것이고, 그 신전 앞에 거대한 계단이 들어설 것이라고 주장했다고 말했다. 극장과 신전을 결합시키는 것은 폼페이우스 극장 이전에 이탈리아의 신전 건축에서도 확인할 수 있다. 후대에 신전과 극장을 결합시키는 관습은 점점 사라졌지만, 폼페이우스 극장 뒤편에 있는 공원과 이를 감싸고 있는 주랑(colonnade; 역자 주: 여러 개의 기둥을 나란히 세운 복도)은 로마 극장에서 자주 모방되었다. 극장 뒤편의 이 시설은 공연 중간에 휴식 시간이나 날씨가 나쁠 때 관객들이 쉴 수 있는 공간이었다.

폼페이우스 극장이 세워진 후 로마에는 두 개의 극장이 짧은 시간 내에 더 건축되었다. 기원전 13년에는 발부스(Balbus) 극장이 세워졌고, 이 극장은 규모가 작은 편이었다. 그리고 마르켈루스 극장(Marcellustheater)이 세워졌다. 이 극장은 먼저 카이사르가 짓기 시작했고, 그의 죽음(기원전 44년) 뒤에 아우구스투스가 완공했다. 그리고 기원전 11년에 그의 죽은 조카이자 사위인 마르켈루스의 이름을 따서 축성되었다. 비트루비우스는 『건축술에 대하여 De Architectura』라는 제목의 책에서 세 개의 로마극장(역자 주: 폼페이우스 극장, 발부스 극장, 마르켈루스 극장)을 극장의 모델로 언급했다. 기원후 2세기까지 이들 극장 모델은 디테일의 면에서 약간 차이는 있을지라도 로마 제국 전체에 널리 퍼졌다. 그래서 북아프리카에서 영국, 스페인에서 시리아까지 로마식 극장이 건축되었다. 극장건축은 그 지역이 로마제국에 속한다는 상징으로 해석되기도 했다. 제국의 동쪽 지역에는 기존의 그리스 극장이 많이 있었기 때문에 무대 건물과 무대만 개축하기도 했고, 새로운 극장을 건축하기도 했다. 로마인들은 대형 야외극장 이외에도 지붕이 설치된 소규모 극장 오데이온(*theatrum tectum* 또는 *odéum*)도 건축했다. 오데이온에서는 음악 콘서트나 낭송회,

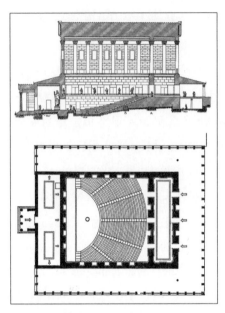

그림 36 아테네 고대 아고라에 위치했던 아그
리파의 오데이온 측면도 및 평면도

기타 집회 등이 열렸다(그림 36번). 폼페이 섬에 있는 두 개의 극장
중에서 작은 극장이 오늘날 남아 있는 오데이온 중에서 가장 오래된
것이다. 현존하는 극장 중에서 가장 아름다운 오데이온 두 개는 아
테네에 있다. 첫 번째는 고대 아고라 중심에 위치했던 아그리파
(Agrippa)의 오데이온이고, 두 번째는 아크로폴리스의 남서쪽 비탈에
위치하고 있는 헤로데스 아티쿠스(Herodes Atticus)의 오데이온이다.
로마는 도미티아누스의 시대(기원후 81~기원후 96)에 들어서야 처음
으로 석조 건물로 된 오데이온을 건축한다.

제정 시대에 로마인들이 연극을 좋아했다는 것은 수많은 문학텍
스트와 비문, 각종 고고학적 자료들을 통해 확인할 수 있다. 타키투
스는 로마인들이 연극에 대한 사랑을 어머니의 몸속에 있을 때부터

배운다고 기록했다(『대화편 Dialogus de Oratoribus』, 29.3). 공화정 시대의 말기에는 1년에 약 50일 동안 연극공연이 있었고, 이 수는 제정시대가 시작하고 나서 처음 3세기 동안 약 두 배로 증가한다. 기원후 325년에는 비문에 100일이 넘는 기간 동안 연극 공연이 있었다고 기록되어 있다.

정치적 자유가 제한되고 나서 연극과 극장은 민중집회의 대체물로 기능했다. 그래서 일반 관객들이나 또는 특정한 그룹의 관객들이 극장의 익명성을 이용해서 특정인물이나 결정에 대한 불만을 표현한 여러 사건들이 전해지고 있다. 관객들은 자신들의 희망이나 요구사항을 말하기도 했고, 경제적 상황이나 법제도를 비판하기도 했다. 역사가 카시우스 디오(Cassius Dio)가 전해주는 다음 이야기를 보면 (『로마사』, 54,17), 극장이 ─ 축제와 유사하게 ─ 불만과 분노의 배출구(Ventil)로 기능할 수 있다는 사실이 이미 고대 사회에서도 잘 알려졌다는 것을 알 수 있다.[25] 유명한 팬터마임 배우 필라데스(Pylades) 때문에 극장에서 소요가 생기자 아우구스투스는 배우를 비판했다. 그러자 배우 필라데스는 민중들이 (황제가 아니라) 배우와 함께 시간을 보내는 것은 황제를 위한 일이라고 언급했다. 극장의 공연이 전체적으로 또는 부분적으로 사적 개인이나 사적 조직에 의해 펼쳐지고, 극장의 건축, 수리, 장식 및 공연까지 개인에 의해 이루어지기

---

25 뜨거운 바람을 불어 넣은 풍선을 바늘로 찌르면 풍선이 터진다. 하지만 매우 미세한 바늘로 찌르면, 작은 구멍으로 천천히 뜨거운 공기가 빠져 나오면서 풍선이 터지지 않는다. 여기서 풍선은 전체 사회이고, 극장이나 축제 같은 사회적 안전장치는 미세한 구멍이라고 할 수 있다. 극장에서, 거리의 축제에서 시민들은 일상의 불만을 쏟아 낼 수는 있지만, 그렇다고 풍선이 터지듯이 전체 사회가 무너지지는 않는다. 로마의 팬터마임 배우가 극장이 황제를 위해 존재한다고 한 이야기도 결국은 사회의 질서 유지를 위해 불만/분노의 배출구(Ventil)가 필요 불가결한 제도라는 것을 암시한다.

도 했지만, 로마 극장은 근본적으로 국가에 의해 통제되었고, 국가로부터 경제적 지원을 받았다고 할 수 있다.

2. 공연

로마극장의 거대한 유적들은 지금도 여러 곳에 남아 있다. 고대 로마극장을 방문한 관광객들은 거대한 스케네 프론스를 보고 이렇게 큰 무대에서 어떤 작품들이 공연될 수 있었는지 질문하게 된다. 키케로가 쓴 편지(『친구에게 보내는 편지 ad familiares』, 7,1)에서 폼페이우스 극장의 개막 공연작으로 최소한 두 개의 비극(파쿠비우스의 〈클뤼타이메스트라〉, 나에비우스의 〈트로이의 목마〉)과 아텔라 소극이 공연된 것을 확인할 수 있다. 그리고 스포츠 경기와 동물사냥도 개최되었다. 키케로는 극장에서 운동선수들의 경기와 야생동물과의 싸움, 코끼리 행진하기 등이 모두 열렸다고 기록했다. 이것들이 실제로 개최되었는지 증명되지 않았지만, 충분히 개연성이 있다. 다양한 장르의 연극들과 오락 형태의 공연들이 원형경기장이나 서커스장이 아니라 극장에서 공연된 것은 후대에ー특히 제정 시대의 극장시스템에서는ー드문 일이 아니었다. 후대에는 검투사들의 싸움이나 옷을 거의 입지 않거나 벌거벗은 여자들이 등장하는 수중 공연(Wasserspiel) 등도 극장에서 공연했다. 이런 경향 속에서 희곡에 바탕을 둔 고전적인 연극은 점점 뒤로 밀려나기 시작했다.

a) 비극

그리스어를 사용하는 동부 지역에서는 고대 비극이나 새로운 비극이 공연된 사실이 확인된다. 그리고 로마에서는 기원후 2세기 중반까지 신화를 소재로 한 비극과 역사적 사건을 소재로 한 역사극이 창작되었다. 비극을 창작한 작가들로는 먼저 귀족 신분의 아마추어 극작가들이 있었다. 예를 들어 아시니우스 폴리오(Asinius Pollio), 아우구스투스같은 사람들도 비극을 쓴 것으로 전해진다. 특히 아우구스투스는 청년기에 〈아이아스 *Aias*〉라는 작품을 쓴 것으로 알려져 있다. 아마추어 극작가 이외에 초기 제정 시대의 전문적인 극작가도 있었다. 비극작가 바리우스(Lucius Varius Rufus)가 쓴 〈티에스테스 *Thyestes*〉라는 작품은 그리스 고전비극과 경쟁할 수 있는 뛰어난 작품으로 인정받았다(퀸틸리아누스, 『연설가 교육론 Institutio Oratoria』, 10, I, 98). 이것은 오비디우스(Publius Ovidius Naso)의 비극 〈메데아 *Medea*〉의 경우에도 마찬가지이다. 기원후 1세기경의 대부분의 작품들과 마찬가지로 오비디우스의 작품은 현재 전해지지 않는다. 현재 전해지는 작품은 세네카의 비극이 유일하다. 그 중에서 두 개의 작품(비극 〈오이테의 헤라클레스 *Hercules Oetaeus*〉와 로마의 역사적 사건을 다룬 역사극 〈옥타비아 *Octavia*〉)은 세네카의 작품이 아닌 것으로 추정된다. 공개적으로 공연된 마지막 비극은 기원전 29년에 공연된 바리우스의 〈티에스테스〉이다. 이 작품은 옥타비아누스가 안토니우스와 클레오파트라를 격파했던 악티움 해전(기원전 31년)을 축하하는 축제에서 공연되었다. 제정 시대의 비극은 일반적으로 대극장에서 공연할 목적으로 쓰인 것은 아닌 것으로 추정된다. 오히려 향연 자리나 일반에 비공개된 개인 소유 극장에서 희곡 전체나 일부를 낭송하거나 공연했다.

비극의 몰락에 대한 원인으로는 흔히 비극작가로 이름이 알려진 사람들이 황제가 이룩한 원수정(Prinzipat)[26] 체제를 반대하는 파에 속했다는 점을 들고 있다. 다시 말해서 비극작가들은 공화정을 지지하는 사람들이었다. 비극이 초기 제정 체제에 대한 비판적 담론의 공간으로 기능했고, 비극작가들이 위험할 수도 있었다는 것은 확인할 수 있는 사실이다. 그러나 이것이 기원후 1세기에 비극이라는 장르가 천천히 사라져 간 결정적인 원인은 아니다. 가장 중요한 이유는 관객의 취향이 근본적으로 변했다는 것이다. 대다수의 민중을 위해 거대한 극장을 지었지만 민중들은 새로운 형태의 오락이라고 할 수 있는 팬터마임에 열광하기 시작한 것이다. 로마에서는 팬터마임을 '춤추는 비극(*tragoedia saltata*)'이라고 불렀다는 점에서 보듯이, 팬터마임이 비극과 친밀한 관계를 가진 것으로 생각했다는 것을 알 수 있다.

b) 팬터마임

팬터마임에서는 솔로 댄서(*pantomimus* 또는 *orchestés*)가 모방적인 신체 동작을 통해 이야기를 재현했다. 팬터마임의 소재는 일반적으로 그리스 신화 또는 신화를 비극이나 서사시로 개작한 작품에서 가지고 왔다. 한 명 또는 여러 명의 댄서들이 신화적 소재를 춤동작으로 표현하는 것은 그리스 동부지역에서

그림 37 가면을 여러 개 들고 있는 팬터마임 댄서. 상아 부조. 기원후 4세기~기원후 6세기경에 제작. 베를린 국립 박물관 소장.

---

26 제정 시대 초기의 제도로 황제가 원로원으로부터 권한을 위임받아 통치했다.

그림 38 팬터마임에서 사용된 테라코타 가면
왼　쪽: 기원후 1세기경에 제작. 런던 대영박물관 소장.
오른쪽: 기원후 3세기경에 제작. 아테네 아고라박물관 소장.

이미 오래전부터 잘 알려져 있었다. 그래서 제정 시대의 그리스 작가들까지 연극과 유사한 이 형태를 "이탈리아식 춤"이라고 불렀다. 그러나 로마에서 이 장르는 근본적인 변화를 겪게 된다. 팬터마임의 창시자로 불리는 사람은 두 명의 유명한 그리스 출신 댄서들이다. 이들은 최상의 후원을 받았다. 킬리키엔(Kilikien) 출신의 필라데스(Pylades)는 아우구스투스의 해방 노예였고, 비극 소재를 전문으로 다룬 팬터마임 댄서였다. 알렉산드리아(Alexandria) 출신의 바틸루스(Bathyllus)는 마이케나스(Maecenas)의 해방 노예였고, 유쾌한 신화 패러디를 주로 다룬 희극 분야의 전문가였다. 희극 팬터마임은 필라데스의 비극 팬터마임만큼 큰 성공을 거두지는 못했다.

　팬터마임은 한 명의 댄서가 가면과 의상을 바꿔가며 다양한 등장인물들을 표현했다(그림 37번). 댄서의 연기에 맞추어서 코러스가 리브레토(역자 주: 가극의 가사나 대본)를 노래했다. 그리고 코러스의 노래에는 다양한 악기가 포함된 악단의 반주가 곁들여졌다. 경우에 따라서는 코러스 대신 가수 한 명이 티비아스 반주에 맞추어 리브레토를 노래하기도 했다. 티비아, 타악기(북, 심벌즈, 캐스터네츠) 이외에도 현악기와 헬레니즘 시대의 과학자들이 발명한 오르간(Orgel) 역시 사용되었다. 음악가 중의 한 명은 특수한 모양의 신발을 신고 있었다. 이 신발의 굽에는 나무로 된 심벌즈 모양의 타악기가 달려 있었다. 이 악기를 이용해서 음악가는 전체 곡의 박자를 지휘했다. 댄서들은 발까지 내려오고 화려하게 장식이 된 긴 겉옷을 입었다. 이 옷은 값비싼 소재를 사용해서 제작되었다. 가면은 입이 막혀 있기도 했고 경우에 따라 입 부분이 살짝 열려 있기도 했다. 비극의 가면이 강렬한 표현을 추구했다면, 팬터마임의 가면은 매우 자연스러운 표정을 유지했다(그림 38번).

팬터마임에서는 현대 발레와 유사하게 기술적 움직임이나 점프의 정확성 이외에도 기품과 우아함, 표현되는 인물의 성격을 정확하게 재현하는 능력 등이 높이 평가되었다. 표현의 측면에서는 특히 손동작에 큰 의미가 부여되었다. 그래서 팬터마임에 대한 언급에는 "손으로 말한다"는 표현이 자주 등장한다.

팬터마임은 등장하자마자 바로 큰 성공을 거두었다. 그리고 거칠고 외설적인 마임(161쪽 참고)과는 달리 상류층에게 많은 사랑을 받았다. 특히 여성들에게 많은 사랑을 받았다. 많은 보수를 받았던 스타급 댄서들은 많은 팬들과 박수부대를 데리고 다녔다. 팬터마임 댄서들이 등장하는 경연대회에서는 경쟁관계에 있는 팬들 사이에 논쟁이나 충돌이 있기도 했다. 팬터마임 댄서들은 자주 추방되거나 공연 자체가 금지되는 일도 있었다. 티베리우스(재위 14~37년)는 이탈리아 팬터마임을 추방했고, 칼리굴라(재위 37~41년)는 이들을 다시 복권시켰다. 도미티아누스(재위 81~96년)는 팬터마임을 금지시켰고, 트라야누스(재위 98~117년)는 이들을 다시 복권시켰다.

팬터마임은 로마에서 많은 사랑을 받았다. 그래서 큰 극장뿐만 아니라 부유한 집의 저녁 행사나 검투사 시합, 전차경주의 보조프로그램으로 공연되기도 했다. 그럼에도 불구하고 댄서들의 사회적 지위는 매우 낮았다. 사회 고위층 사람들은- 댄서의 낮은 지위에도 불구하고- 이들과 친교를 맺기도 했다. 특히 기사 계급에 속했던 사람들은 댄서들과 가깝게 지내면서 팬터마임 댄서로 직접 무대에 서기도 했다. 원로원과 법률이 정한 금지 규정은 이들에게 큰 힘을 발휘하지 못했다. 그리고 팬터마임은 황제의 궁에서 점점 더 많은 영향력을 행사했다.

팬터마임은 고대 시대가 끝날 때까지 가장 많은 사랑을 받았던 오락 형태라고 할 수 있다. 다양한 언어를 사용하는 로마 제국에서 팬터마임이라는 예술장르가 엄청난 성공을 거둘 수 있었던 것은 무엇보다 팬터마임이 희곡에 의존하는 것이 아니라 모방적인 춤과 음악을 가장 중요한 표현수단으로 삼았다는 점 때문이다.

c) 키타로디에와 노래하는 비극

비극의 경쟁자이자 비극의 유산을 상속하고 있는 후계자는 춤추는 비극(*Tragoedia saltata*)이라고 불렸던 팬터마임 외에도 두 가지가 더 있었다. 첫 번째는 키타로디에(*Kitharodie*)가 있다. 이것은 가수가 키타라(*Kithara*)라고 하는 고대의 연주회용 현악기를 들고 비극적인 아리아를 노래하는 것이다. 두 번째는 노래하는 비극(*Tragoedia cantata*)이 있었다. 이것은 한 명 또는 서너 명의 배우가 비극 의상과 가면,

소품을 걸치고 비극적인 장면을 노래하고 연기하는 것이다. 작품의 텍스트는 고전 비극에서 가져오거나 또는 이러한 종류의 낭송을 위해 특별히 제작하기도 했다. 관객들의 사랑을 받았던 것은 반주에 맞춰 노래했던 아리아들과 사자(使者)의 보고 장면이었다. 그리스에서 오래전부터 대중적인 인기를 누렸던 비극 아리아 공연(99쪽 참고)은 공화정 말기 로마에 수용되었고, 제정시대에는 대중적인 오락물이 되었다. 노래하는 비극의 가장 유명한 배우는 바로 네로 황제였다. 그는 처음에는 사적인 자리에서만 노래하다가 나중에는 키타라를 연주하는 가수로 극장에 서기도 했고, 노래하는 비극의 배우로서 비극적 아리아와 장면을 연기하기도 했다.

d) 희극

희극은 제정 시대에 비극과 마찬가지의 운명을 맞이했다. 그리스 지역에서는 적어도 기원후 3세기 초반까지 구희극과 신희극이 공연되었다. 로마에서는 아우구스투스 황제의 시대 이후 파불라 팔리아타와 파불라 토가타를 창작한 작가들의 이름이 산발적으로 나오기는 한다. 그러나 고전 작품의 재공연이나 새로운 작품의 공연 기록은 이제 더 이상 나오지 않는다. 플라우투스의 작품은 일종의 레제드라마처럼 독해될 뿐이었고, 테렌티우스의 작품은 학교에서 라틴어 교재로만 사용되었다.

비극의 경우와 마찬가지로 희극을 무대로부터 추방한 것은 다름이 아닌 소극들이었다. 무엇보다 기원후 2세기까지 공연되었던 아텔라 소극과 관객들의 사랑을 많이 받았던 마임은 희극을 추방하는 데 기여했다.

e) 마임

희극적 즉흥 연극의 민중적 형태라고 할 수 있는 마임(Mimus)은 도리스족이 살던 그리스 펠로폰네소스 반도에서 시작되었고, 시칠리아와 이탈리아 남부 지방까지 퍼져 있었다. 그리스 비극과 희극이 그리스어를 사용하는 지역에서 전성기를 구가하던 시기에도 마임은 여전히 인기를 얻고 있었다. 로마에서 국가의 지원을 받는 연극단체가 만들어질 때, 마임은 무엇보다 마그나 그라이키아(Magna Graecia)[27]와 안티오케이아(Antiochia)나 알렉산드리아(Alexandria)같은 헬레니즘 문화권의 대도시에서 자리를 잡았다. 마임이 로마에 전해진 것은 늦어도 기원전 2세기 초라고 할 수 있다. 기원전 173년 이후 마임은 루디 플로랄레스(119쪽 참고)에서 공연되었다. 그때부터 마임은 대중적인 인기를 누리기 시작했다. 첫 번째 전성기는 즉흥 희극에 문학적 형태를 부여했던 두 명의 작가와 연관되어 있다. 데키무스 라베리우스(Decimus Laberius)는 기사계급 출신의 로마인이었다. 그리고 푸블리리우스 시루스(Publilius Syrus)는 안티오케이아 출신의 해방 노예였던 것으로 짐작된다. 두 사람이 창작했던 작품은 유감스럽게도 전해지지 않는다. 두 사람 중에 연장자인 라베리우스의 경우에는 43개의 작품 제목이 전해지고 있다. 제목을 통해 우리는 작품의 소재와 주제에 대한 힌트를 얻을 수 있다. 특히 자주 등장하는 것은 직업명이다. 예를 들어 〈어부〉, 〈소금행상〉, 〈점쟁이〉 등이 나온다. 그리고 여자 주인공을 암시하는 제목도 나온다. 예를 들어 〈에트루리아 여자〉, 〈바늘 행상하는 여자〉, 〈고급 창녀 Hetäre〉, 〈처녀〉,

---

27 이탈리아 남부 및 시칠리아에 있던 고대 그리스의 식민 도시군.

〈자매〉 등의 제목이 전해진다. 이들 제목들은 희극이나 아텔라 소극 작품의 제목으로 등장하기도 한다. 푸블리리우스의 작품은 라베리우스보다 조금 더 많이 남아 있다. 그의 작품은 700개의 금언(金言) 형태로 남아 있는데, 이것들은 일찌감치 하나의 작품집으로 묶여 출간되었다. 그러나 이 금언집도 그의 마임에 대한 정보를 거의 제공해 주지 못한다.

제정 시대에 마임이 팬터마임과 함께 가장 사랑을 많이 받았던 희극임에도 불구하고 수많은 비문에는 마임 배우의 이름만 나와 있을 뿐 마임 작가의 이름은 거의 알려져 있지 않다. 이것은 마임이 언제나 즉흥연기에 의존하는 형태에 머물러 있었다는 점을 암시한다. 전체 줄거리의 대략적인 구조만 사전에 정해져 있었다는 점은 배우에게 많은 자유를 주었다. 그리고 사전에 정해진 텍스트가 있었다고 하더라도 즉흥 연기를 할 수 있는 여지가 매우 많았다고 할 수 있다.

마임은 고대의 다른 연극 장르들과는 달리 정확하게 규정된 것이 없다. 마임은 명확하게 정해진 형식도 없었다. 대사로 이루어진 부분은 유행가, 춤, 연주곡, 서커스적인 장면 등과 섞여서 화려한 혼성곡을 완성하기도 했다. 그리고 관객에게 직접 말을 걸거나 정치적인 유머, 동시대인들에 대한 직간접적인 공격 등을 통해 카바레 연극과 유사한 특징을 보이기도 했다. 전체 줄거리의 기본적인 틀은 일반적으로 민중연극에서 많이 사용되는 소재들을 가지고 왔다. 결혼과 이혼, 사기와 도둑질, 독약 만들기와 가짜 죽음, 장사꾼과 수공업자들의 이야기 등이 자주 언급되었다. 그 밖에도 신들을 소재로 한 익살극, 신화 패러디 등도 있었다. 언어는 단순했고, 말투는 거칠고 외설적이었지만, 정치적 현실을 암시하는 언어는 정교하기도 했다.

공연은 작품마다 규모면에서 많은 차이가 있었다. 마임 배우들이

한 명씩만 등장하는 작품도 있는 반면에 여러 명의 마임 배우들이 거대한 앙상블을 이루면서 동시에 등장하는 경우도 있었다. 표준적인 공연에는 4명의 배우가 하나의 그룹으로 등장했다. 각 배우들은 자기만의 역할을 전문적으로 연기했다. 그리고 악사들과 단역 배우들도 등장했다. 마임은 큰 무대에서도 공연되었고 작은 개인 소유 극장에서도 공연되었다. 부유한 사람들의 저녁 식사 자리나 향연 자리에서도 공연되었고, 궁정, 소도시 및 시골의 광장이나 축제 등에서도 공연되었다. 공연을 위해 마임 배우가 필요로 하는 것은 얕은 단 위에 설치된 가설무대, 배우들이 다음 등퇴장하기 전에 머무르고 쉴 수 있는 곳을 가리는 무대 배경막 뿐이다. 나무로 급조된 가설무대 양 옆과 뒤편에 달린 단순한 형태의 배경막은 시파리움(*siparium*)이라고 불렸다. 마임은 시파리움이라고 불리기도 했을 정도로 배경막은 마임의 전형적인 특징이라고 할 수 있다.

마임 배우들은 평상복을 의상으로 착용했다. 마임이 일상적인 이야기를 배경으로 하고 있다는 점을 상기하면, 의상과 작품은 잘 어울린다고 할 수 있다. 마임에 대해 전해주는 자료에 따르면 배우들은 맨발로 무대에 등장했다. 그리고 네모난 수건(*ricinium*)을 모자나 망토로 사용했고, 후대의 코메디아 델 아르테의 할레킨처럼 수선용 헝겊으로 기운 옷(*centiculus*)을 입었다.

마임은 두 가지 점에서 희극 장르뿐만 아니라 연극과 근본적으로 차이가 있었다. 첫째, 마임 배우들은 가면을 착용하지 않았다. 둘째, 배우들은 남자들만 있었던 것은 아니었다. 여자 배역을 여자 배우가 연기한다는 점은 사실 마임의 가장 큰 매력이었다. 많은 마임 작품에서 여성이 작품의 주인공이었다는 점을 상기한다면 이것은 마임의 가장 큰 특징이라고 할 수 있다. 당시의 공연 상황을 전해주는 증언들에 따르면 매우 젊은 여자 배우들이 공연의 마지막에 관객들의 요청에 의해 옷을 벗었다고 한다. 이것은 비극과 희극의 배우들이 공연의 마지막에 자신의 가면을 벗는 것과 유사한 행위로 여겨졌다.

마임이 로마 제국 전체에서 오랫동안 큰 인기를 누린 것은 문학적인 자료나 비문 등을 통해 다양하게 전해져 오고 있다. 작가 수에토니우스(Gaius Suetonius Tranquillus)에 따르면 아우구스투스는 죽기 직전에 이렇게 물었다고 한다. "나는 내 삶의 마임을 잘 연기했는가?(Habe ich den Mimus des Lebens gut gespielt?)"(『아우구스투스』, 99, I) 유스티니아누스 황제는 테오도라와 결혼을 했는데, 그녀는 황제와 결혼을 하기 전에 마임 배우로 활동했다. 교회가 연극에 저항한 것은 특히 마임과의 전쟁이나 마찬가지였다. 이것은 마임이 천박하고 외설적이라는 점 때문이 아니라 기독교의 세례식 같은 제의와 핵심적인 교리라고 할 수 있는 성처녀 마리아의 출산 등을 비웃었기 때문이다. 교회는 마임과의 전쟁에서 승리하지 못했다. 마임은 언제나 대중들에게 사랑받는 장르로 남아 있었다. 그리고 우리가 그 과정에 대해 자세하게 알지는 못하지만 중세와 근대 초기의 희극적 소품에 많은 영향을 끼쳤다. 그리고 터키에서 전해지는 그림자 연극 카라괴즈(Karagöz)와 이탈리아의 민중희극 코메디아 델 아르테에도 영향을 끼쳤다.

3. 고대 연극의 종말

연극이 고대 로마에서 제도화 된 이후 연극에 대한 공격은 끊이지 않았다. 기독교가 등장한 다음 연극에 대한 공격은 점점 거세어져

갔다. 기독교가 로마의 국교가 되기 이전에 이미 교부 테르툴리아누스(기원후 200년)와 노바티아누스(기원후 250년)는 극장을 악마가 지배하는 곳이라고 불렀다. 그리고 기원후 6세기까지 비슷한 담론이 끊임없이 재생산되었다. 이에 따르면 극장은 이교도의 악령에 대한 우상숭배가 지배하는 곳이고, 격정을 자극해서 도덕적 질서를 무너뜨리고 감각을 혼란스럽게 만든다. 비도덕적인 삶으로의 변화나 배우와 여배우의 뻔뻔한 태도, 연극의 천박함과 외설성 등이 자주 언급되기도 했다. 그러나 연극에 대한 적대적인 공격은 어느 정도 한계가 있었다. 일요일에는 연극 공연이 금지되었다는 점을 빼면 실제로 연극 자체에 대한 금지는 없었다. 기독교에 귀의한 황제들도 연극을 사회정치적으로 필수적인 장치라고 생각했다. 기독교도들 역시 주교들의 한탄에서 자주 나오는 것처럼 팬터마임과 마임에 대한 비판에도 불구하고 극장에 계속 갔다.

로마 제국의 몰락과 함께 극장은 경제적, 행정적인 측면에서의 토대를 상실했다. 서로마 지역에서는 기원후 568년에 이탈리아 지역의 대부분이 랑고바르드 족에 의해 정복된 것이 결정적이었다. 동로마에서는 100년이 지난 후 트룰로 공의회(기원후 692년)가 모든 형태의 연극을 금지했다. 민중적인 형태의 작은 연극들은 아마도 계속 생명을 유지했을 것으로 보인다. 오늘날에는 남아 있는 고대 극장들의 잔재들을 통해서만 당시의 연극에 대한 열기를 짐작할 수 있다. 이들 극장들 중에서 프랑스 오랑주(Orange)에 있는 극장처럼 재사용되고 있는 곳도 있다. 그러나 현재의 극장 공연 프로그램에는 문학적 형태의 연극만이 올라간다. 고대 로마의 민중들이 열광했던 화려한 프로그램들은 현대 관객들이 이제 짐작도 할 수 없게 되었다.

참고문헌

1. 고대 그리스 연극

고대 그리스 연극에 대한 방대한 규모의 참고문헌 목록은 다음 저서를 참고할 것: Green, J. R., Greek Theatre Production 1971-86, Lustrum 31, 1989, 7-95; Theatre Production 1987-1995, Lustrum 37, 1995, 7-202, 309-29; Theatre Production 1996-2006, Lustrum 50, 2008, 7-302.

개론서: Bieber, M., History of the Greek and Roman Theatre, Princeton 1961(많은 측면에서 낡은 견해를 보이기도 하지만, 풍부한 그림 자료가 특징임); Blume, H.-D., Einführung in das antike Theaterwesen, Darmstadt 1991(고대 그리스와 로마의 연극에 대한 좋은 개론서임); Caspo, E., Slater, W. J., The Context of Ancient Drama, Ann Arbor 1995 (고대 연극에 관련해서 중요한 1차 문헌들이 번역/해설되어 수록된 유일한 저서); Dugdale, E., Greek Theatre in Context (2008); Hart, M. L (ed.), The Art of Ancient Greek Theater, Los Angeles 2010 (게티 미술관의 전시회 도록); McDonald, M., Walton, J. M.(eds.), The Cambridge Companion to Greek and Roman Theatre, Cambridge 2007; S. Moraw, E. Nölle (eds.), Die Geburt des Theaters in der griechischen Antike, Mainz 2002(전시회 도록. 다양한 정보와 풍부한 그림이 특징); Newiger, H.-J., Drama und Theater, in: G. A. Seeck (ed.), Das griechische Drama, Darmstadt 1979, 434-503; Pickard-Cambridge, A. W., The Dramatic Festivals of Athens, 2nd ed.

rev. J. Gould nad D. W. Lewis, Oxford 1968, rept. (증보판) 1988 (그리스 연극에 대한 필독서); Simon, E., Das antike Theater, Freiburg 1981; Walton, J. M., The Greek Sense of Theatre, Amsterdam 1996; Wilson P., The Greek Theatre and Festivals, Oxford 2007.

연극사 사료/연극 이미지 (고대 연극을 재구성할 때 고대의 연극 이미지를 사용하는 문제에 대한 방법론적 논의 포함): Csapo, E., Actors and Icons of Ancient Theatre, London 2010; Green, J. R., On Seeing and Depicting the Theatre in Classical Athens, GRBS 32, 1991, 15-50; Krumeich, R., Archäologische Einleitung, in: Krumeich, R., Pechstein, N., Seidensticker, B. (eds.), Das griechische Satyrspiel, Darmstadt 1999, 41-73 (사튀로스 극 이미지에 관한 논의 포함); Krumeich, R., Theaterbilder. Formen der Rezeption eines kulturellen Phänomens in der attischen und italischen Vasenmalerei des 6.-4. Jahrhunderts v. Chr., Habilitationsschrift, Bonn 2005-06 (출판 준비 중); Schmidt, M., Komische arme Teufel und andere Gesellen auf der griechischen Komödienbühne, AntK 41, 1998, 17-32 (플리아켄 소극 이미지 연구); Taplin, O., Comic Angels and Other Approaches to Greek Drama through Vase-Painting, Oxford 1993 (마그나 그라이키 아 지역의 연극에 대한 연구); Taplin O., Pots and Plays, New-York 2007; Trendall, A. D., Webster, T. B. L., Illustrations of Greek Drama (1971) ; Webster, T. B. L., Monuments Illustrating Tragedy and Satyrplay, BICS Suppl. 20, London 1967; Monuments Illustrating Old and Middle Comedy, 3rd revised edition by J. R. Green, BICS Suppl. 39, London 1978; Monuments Illustrating New Comedy, 3rd edition

revised and enlarged by J. R. Green and A. Seeberg, BICS Suppl.
50, London 1995.

연극의 탄생과 발전: Csapo, E., Miller, M. (eds.), The Origins of
Theatre in Ancient Greece and Beyond: From Ritual to Drama,
Cambridge 2007; Lesky, A., Die tragische Dichtung der Hellenen,
Göttingen 1972, Kap. 1 (연극의 기원에 관한 연구); Rothwell, K. S.,
Nature, Culture, and the Origins of Greek Comedy. A Study of Animal
Choruses. Cambridge 2007; Rusten, J. S., Who invented Comedy? The
Ancient Candidates for the Origins of Comedy and the Visual
Evidence, AJP 127, 2006, 37-66; Seaford, R., Tragedy and Dionysus,
in: R. Weld Bushnell (ed.), A Companion to Tragedy, Malden, Mass.
u. a. 2005, 25-38; Stoessl, F., Die Vorgeschichte des griechischen
Theaters, Darmstadt 1987 (연극의 기원에 관한 다양한 문헌들을 수록
한 저서); Taplin, O., Spreading the Wordthrough Performance, in: S.
Goldhill, R. Osborne (eds.), Performance Culture and Athenian
Democracy, Cambridge 1999, 33-57.

연극제도: Goldhill, S., The Great Dionysia and Civic Ideology, in:
Winkler, J., F., Zeitlin (ed.), Nothing to Do with Dionysus, Princeton
1990, 97-129 (아테네 연극축제의 조직 및 의미에 대한 연구); Wilson,
P., The Athenian Institution of the Khoregia. The Chorus, the City
and the Stage, Cambridge 2000; Wilson, P., Costing the Dionysia, in:
M. Revermann, P. Wilson (eds.), Performance, Iconography,
Reception: Studies in Honour of Oliver Taplin, Oxford 2008, 88-127.

극장건축: a) 개론서: Burmeister, E., Antike griechische und römische Theater, Darmstadt 2006; Ciancio Rosetto, P. - Pisani Sartorio, G., Teatri Greci e Romani alle origini del linguaggio rappresentativo I-III (Rom 1994-1996); Lohmann, H., Zur baugeschichtlichen Entwicklung des antiken Theaters, in: G. Binder, B. Effe (eds.), Das antike Theater: Aspekte seiner Geschichte, Reyeption und Aktualität, Trier 1998, 191-249; b) 그리스 극장: Dörpfeld, W., Reisch, E., Das Griechische Theater. Beiträge zur Geschichte des Dionysos-Theaters in Athen und anderer griechischen Theater, Athen 1986; Froning, H. in: Moraw, S., E. Nölle(eds.), Die Geburt des Theaters in der griechischen Antike, Mainz 2002, 31-59; Goette, H. R., Griechische Theaterbauten der Klassik - Forschungen und Fragestellungen, in: E. Pöhlmann (ed.), Studien zur Bühnendichtung und Theaterbau der Antike, Frankfurt/M 1995, 9-48; Gogos, S., Das Dionysostheater von Athen. Architektur, Gestalt und Funktion, Wien 2008; Lauter, H., Die Architektur des Hellenismus, Darmstadt 1986, 166ff.; Scullion, S., Three Studies in Athenian Dramaturgy, Stuttgart-Leipzig 1994 (원형 오케스트라 주장을 옹호하는 연구)

관객: Podlecki, A. J., Could Women Attend the Theater in Ancient Athens?, Ancient World 21, 1990, 7-43 (관객에 관한 1차 문헌 자료집이자 이에 대한 분석); Roselli, D. K., Theater of the People: Women, Slaves, Foreigners and the Poor in the Athenian Audience, Austin 2011.

연극배우: Csapo, E., Actors and Icons of the Ancient Theatre, London 2010; Csapo, E., Some Social and Economic Conditions behind the Rise of the Acting Profession in the Fifth and Fourth Centuries BC, in: C. Hugoniot, F. Hurlet, S. Milanezi (eds.), Le Statut del'acteur dans l'Antiquité grecque et romaine, Tours 2004, 53-76; Ghiron-Bistagne, P., Recherches sur les acteurs dans la Grèce antique, Paris 1976; Hall, E., Easterling P. (ed.), Greek and Roman Actors: Aspects of an Ancient Profession, Cambridge 2002; Aneziri, S., Die Vereine der dionysischen Techniten im Kontext der hellenistischen Kultur. Stuttgart 2003(연극인들의 길드에 대한 연구).

춤과 안무: Lawler, L. B., The Dance of the Ancient Greek Theatre, Iowa City 1964; Naerebout, F. G., Attractive Performance: Ancient Greek Dance. Three Preliminary Studies, Amsterdam 1997; Seidensticker, B., Dance in Satyrplay, in: O. Taplin and R. Wyles (eds.), The Pronomos Vase and its Context, Oxford 2010.

무대 상연: Arnott, P., Greek Scenic Conventions in the Fifth Century BC, Oxford 1961; Taplin O., Greek Tragedy in Action, London-Berkeley 1985(증보판); Seale, D., Vision and Stagecraft in Sophocles, Chicago 1982; Halleran, M. R., Stagecraft in Euripides, London 1982; Dearden, C. W., The Stage of Aristophanes, London 1976; Revermann, M., Comic Business: Theatricality, Dramatic Technique, and Performance Contexts of Aristophanic Comedy, Oxford 2006; Wiles, D., The Masks of Menander: Sign and Meaning in Greek and Roman Performance, Cambridge 1991.

의상과 가면: Bernabò Brera, L., Menandro e il teatro greco nelle terracotte liparesi, Genua 1981; Brooke, I., Costume in Greek Classic Drama, London 1962; Froning, H., Masken und Kostüme, in: S. Moraw, E. Nölle(eds.), Die Geburt des Theaters in der griechischen Antike, Mainz 2002, 70-95; Stone, L. M., Costume in Aristophanic Comedy, New York 1981.

연극 소품: Dingel, J., Das Requisit in der griechischen Tragödie, Tübingen 1965.

극장에서 사용한 기계장치: Mastronarde, D., J., Actors on High: The Skene Roof, the Crane, and thd Gods in Attic Drama, Classical Antiquity 9, 1990, 247-94; Lendle, O., Überlegungen zum Bühnenkran, in: E. Pöhlmann (ed.), Studien zur Bühnendichtung und Theaterbau der Antike, Frankfurt/M 1995, 165-72; Newiger, H. J., Ekkyklema und Mechane in der Inszenierung des griechischen Dramas, WJA 16, 1990, 33-42.

음악: Anderson, W., Music and Musicians in Ancient Greece, Ithaca 1994; Hall, E., Actor's Song in Tragedy, in: S. Goldhill, R. Osborne (eds.), Performance Culture and Athenian Democracy, Cambridge 1999, 96-122; Pöhlmann E., West, M. L., Documents of Ancient Greek Music: The Extant Melodies and Fragments, Oxford 2001; West, M.

L., Ancient Greek Music, Oxford 1992; Wilson, P., The Musicians among the Actors, in: E. Hall, P. Easterling (eds.), Greek and Roman Actors: Aspects of an Ancient Profession, Cambridge 2002, 41-70.

고대 그리스 연극의 수용사: Flashar, H. Inszenierung der Antike, München 2009; Goldhill, S., How to Stage Greek Tragedy today?, Chicago 2007.

2. 로마 연극

개론서: Beacham, R. C., Roman Theatre and its Audience, Cambridge, Mass., 1991; Beare, W., Roman Stage. A Short History of Latin Drama in the Time of the Republic, London 1964; Blänsdorf, J. (ed.), Theater und Gesellschaft im Imperium Romanum, Tübingen 1990; Duckworth, G. E., The Nature of Roman Comedy. A Study of Popular Entertainment, Princeton 1952/1994 (개정판에는 서문과 참고문헌 목록이 추가됨); Dumont, J. C., Garelli-Francois, M. H., Théatre à Rome, Paris 1998; Garton, C., Personal Aspects of the Roman Theatre, Toronto 1972; Marshall, C. W., The Stagecraft and Performance of Roman Comedy, Cambridge 2006; Slater, W. J. (ed.), Roman Theater und Society, Ann Arbor 1996; El Teatro Romano. La puesta en escena, Zaragoza 2003 (전시회 도록); N. Savarese, In Scena. Il teatro di Roma antica, Mailand 2007 (전시회 도록)

연극의 탄생과 발전: Blänsdorf, J., Voraussetzungen und Entstehung der römischen Komödie, in: E. Lefèvre (ed.), Das römische Drama, Darmstadt 1978, 91-134; Todisco, L., Teatro e Spettacolo in Magna Graecia e in Sicilia, Mailand 2002.

연극제도: Bernstein, F., Ludi Publici. Untersuchungen zur Entstehung und Entwicklung der öffentlichen Spiele im republikanischen Rom, Stuttgart 1998; Rawson, E., Discrimina Ordinum: The lex Iulia theatralis, Papers of the Britisch School in Rome55, 1987, 83-114; Taylor, L. R., The Opportunities for Dramatic Performances in the Time of Plautus and Terence, TAPhA 68, 1937, 284-304.

극장건축: Frézouls, E., Aspects de l'histoire architecturale du théâtre romaine, in: Aufstieg und Niedergang der römischen Welt, II 12.1, Berlin 1982, 343-441; Fuchs, M., Untersuchungen zur Ausstattung römischer Theater in Italien und den Westprovinyen des Imperium Romanum, Mainz 1987; Graefe, R., Vela erunt. Die Zeltdächer der römischen Theater und ähnlicher Anlagen, Mainz 1979; Hanson, J. A., Roman Theater Temples, Princeton 1959; Izenour, G. C., Roofed Theatres of Classical Antiquity, New Haven-London 1992; Sear, F., Roman Theatres: An Architectural Study, Oxford 2006.

연극배우: Ducos, M., Les conditions des acteurs à Rome. Données juridiques et sociales, in: J. Blänsdorf (ed.), Theater und Gesellschaft im Imperium Romanum, Tübingen 1990, 19-34; Bollinger, T.,

Theatralis Licentia: Die Publikumsdemonstrationen an den öffentlichen Spielen der frühen Kaiserzeit und ihre Bedeutung im politischen Leben, Winterthur 1969; Jory, E. J., Associations of Actors in Rom, Hermes 98, 1970, 224-53; Leppin, H., Histrionen: Untersuchungen zur sozialen Stellung von Bühnenkünstlern im Westen des römischen Reiches zur Zeit der Republik und des Prinzipats, Bonn, 1992.

무대 상연: Harrison, G. W. M. (ed.), Seneca in Performance, London 2000; Slater, N. W., Plautus in Performance: The Theatre of the Mind, Amsterdam 2000;

음악: Moore, T. J., Music in Roman Comedy. Cambridge 2016.

제정시대 연극: Coleman, K., Fatal Charades, JRS 80, 1990, 44-73; Fugmann, J., Römisches Theater in Provinz. Eine Einführung in das Theaterwesen im Imperium Romanum, Stuttgart 1988; Heldmann, K., Die griechische und lateinische Tragödie und Komödie in der Kaiserzeit, WJB 24, 2000, 185-205; Opelt, I., Das Drama der Kaiserzeit, in: E. Lefèvre (ed.), Das römische Drama, Darmstadt 1978, 427-58; Webb, R., Demons and Dancers: Theatrical Performance in Late Antiquity, Cambridge, Mass., 2008.

팬터마임: Garelli, M.- H., Danser le mythe: la pantomime et sa réception dans la culture antique, Louvain 2007; Hall, E., Wyles, R., (eds.), New Directions in Ancient Pantomime, Oxford 2008; Jory, E.

J., The Drama of Dance: Prolegomena to an Iconography of Imperial Pantomime, in: W. J. Slater, (ed.), Roman Theater und Society, Ann Arbor 1996, 1-27; Lada-Richards, I., Silent Eloquence: Lucian and Pantomime Dancing, London 2007; Slater, W. J., Pantomime Riots, Classical Antiquity 13, 1994, 120-44; Wüst, E., in: RE 18, 1949, Sp. 833-69.

마임: Fantham, E., Mime: The missing Link in Roman Literary History, CW 82, 1989, 153-63; Reich, H., Der Mimus: ein litterar-entwicklungsgeschichtlicher Versuch, Berlin 1903; Rieks, R., Mimus und Atellana, in: E. Lefèvre (ed.), Das römische Drama, Darmstadt 1978, 348-77; Wiemken, H., Der griechishce Mimus. Dokumente zur Geschichte des antiken Volkstheaters, Bremen 1972; Wüst, E., Mimus, in: RE 15, 1932, Sp. 1727-64.

아텔라 소극: Benz, L., Stärk, E., Vogt-Spira, G. (ed.s), Plautus und die Tradition des Stegreifspiels, Tübingen 1995; Frassinetti, P., Attelanae Fabulae, Rom 1967; Höttemann, B., Phylakenposse und Atellane, in: G. Vogt-Spira (ed.), Beiträge zur mündlichen Kultur der Römer, Tübingen 1993, 89-112.

기독교와 연극: Binder, G., Pompa Diaboli - Das Heidenspektakel und die Christenmoral, in: G. Binder, B. Effe (eds.), Das antike Theater. Aspekte seiner Geschichte, Rezeption und Aktualität, Trier 1998, 115-47; Jürgen, H., Pompa Diaboli: Die lateinischen

Kirchenväter und das antike Theater, Stuttgart 1972; Weismann, W.,
Kirche und Schauspiele im Urteil der lateinischen Kirchenväter mit
besonderer Berücksichtigung von Augustin, Würzburg 1972.

프랑스 오랑주(Orange)에 있는 로마 극장

역자 후기

본 역서는 베른트 자이덴슈티커(Bernd Seidensticker)가 쓴 저서 『고대 그리스 로마 연극(Das antike Theater)』을 완역한 것이다. 이 책은 서양 고전 연극에 대한 입문서라고 할 수 있다. 이미 시중에 연극사 책이 많이 있긴 하지만, 그리스 로마 연극을 전체적으로 조망할 수 있는 저서가 아직 없기 때문에 번역을 결정했다. 연극사나 문화사를 처음 접하는 사람에게 도움이 되는 자료가 될 수 있기를 기대한다.

번역 과정에서는 여러 책의 도움을 받았다. 고대 그리스 비극과 희극은 천병희 선생님의 역서를 참고했다. 연극 관련 개념어들은 『희랍문학사』(마틴 호제 지음, 김남우 옮김, 2010), 『연극의 역사』(오스카 G. 브로켓 외 지음, 전준택·홍창수 옮김, 2009)를 참고했다.

최근 연극 관련 번역서에서는 그림이나 사진이 생략되는 경우가 많다. 나름의 이유가 있는 결정이겠지만, 비전문가에게 책의 내용이 훨씬 더 어렵게 다가갈 수도 있다. 이런 경향과는 달리 태학사에서는 그림과 사진을 포함해서 출판을 해 주셨다. 책을 만드는데 노력해 주신 태학사 직원 여러분께 감사의 인사를 전한다.